Moć Božja

Otkako je sveta
nije čuveno
da ko otvori oči
rođenom slepcu.
Kad On ne bi bio od Boga
ne bi mogao ništa činiti.
(Jevanđelje po Jovanu 9:32-33)

Moć Božja

Dr. Džerok Li

Moć Božja od dr. Džeroka Lija
Objavile Urim knjige (Predstavnik: Johnny. H. Kim)
235-3, Guro-dong 3, Guro-gu, Seul, Koreja
www.urimbooks.com

ISBN (Međunarodni standardni broj knjige): 89-7557-044-4,
ISBN: 979-11-263-1193-4 03230

Prethodno objavila na korejskom jeziku Urim knjige u 2004.g.

Prvo izdanje, septembar 2005.g.
Drugo izdanje, avgust 2009.g.

Uredio dr. Geumsun Vin
Dizajnirao urednički biro Urim Books
Za više informacija kontaktirati na urimbook@hotmail.com

Predgovor

Moleći se da uz moć Boga Stvoritelja i jevanđelje Isusa Hrista, svi ljudi iskuse vatrena dela Svetog Duha...

Ja dajem svu zahvalnost Ocu Bogu, koji nas je blagoslovio da objavimo u jednom delu poruku sa jedanaeste dvonedeljne posebne Službe preporoda održane maja, 2003. godine sa temom „Moć" - na kome su brojna svedočenja uveliko slavila Boga.

Od 1993. godine, odmah nakon desetogodišnjice osnivanja, Bog je počeo da obrazuje članove Manmin crkve da poseduju iskrenu veru i da postanu duhovni ljudi kroz godišnjicu posebne dvonedeljne Službe preporoda.

Na Službi preporoda 1999. godine pod temom „Bog je ljubav," On je dozvolio iskušenja sa blagoslovima kako bi članovi Manmin crkve mogli da razumeju značenje pravog jevanđelja, ispunili zakon u ljubavi i ličili na našeg Gospoda koji je manifestovao čudesnu moć.

Sa početkom novog milenijuma 2000. godine, kako bi ljudi širom sveta mogli da iskuse moć Boga Stvoritelja, Jevanđelje Isusa Hrista i vatrena dela Svetog Duha, Bog nas je blagoslovio da možemo da emitujemo Službu preporoda putem satelita Moogoonghwa (Mugungva) i Interneta. U 2003. godini, publika iz oko 300. crkava iz Koreje i petnaest zemalja je prisustvovalo na Službi preporoda.

Moć Božja ima nameru da nas uvede u proces u kome se jedan sreće sa Bogom i dobija Njegovu moć, različite nivoe moći, najveću moć Stvoritelja koja je van dozvoljenih granica za ljudsko stvorenje i mesta na kojima je Njegova moć manifestovana.

Moć Božja dolazi do pojedinca u zavisnosti koliko on liči na Boga koji je svetlost. Šta više, kada on postane jedan u duhu sa Bogom, on može da manifestuje vrstu moći koju je Isus manifestovao. Ovo je zato što nam u Jevanđelju po Jovanu 15:7 naš Gospod rekao: „Ako ostanete u Meni i reči Moje u vama ostanu, šta god hoćete ištite, i biće vam."

Jer ja sam lično iskusio radost i sreću u slobodi za sedam godina bolesti i agonije, kako bi postao sluga moći koji liči na Gospoda i molio sam se i postio sam mnogo dana i puta kada sam bio pozvan da budem sluga Gospoda. Isus nam govori u Jevanđelju po Marku 9:23: „Ako možeš? Sve je moguće onome koji veruje." Takođe sam verovao i molio sam se zato što sam se pridržavao Isusovog obećanja: „[Svako] koji veruje mene, dela koja ja tvorim i on će tvoriti, i veća će od ovih tvoriti; jer Ja idem k Ocu Svom" (Jevanđelje po Jovanu 14:12). Kao rezultat, kroz godišnjicu službe preporoda, Bog nam je pokazao zadivljujuće znakove i čuda i dao nam je brojna isceljenja i odgovore. Šta više, za vreme druge nedelje Službe preporoda 2003. godine, Bog se usmerio na manifestovanje Njegovih dela nad onima koji su bili slepi, koji nisu mogli da hodaju, čuju i govore.

Čak iako je medicinska nauka napredovala i nastavlja da napreduje, skoro je nemoguće da ljudi koji su izgubili vid ili sluh budu izlečeni. Svemogući Bog, međutim, je manifestovao Njegovu moć tako da kada sam se ja čak molio i sa propovedaonice, dela moći kreacije su mogla da obnove mrtve nerve i ćelije i ljudi su mogli da progledaju, čuju i govore. Pored toga, krive kičme su ispravljene, ukočene kosti postale su otkočene tako da su ljudi mogli da bace svoje štake, štapove i kolica i ustanu, poskoče i hodaju.

Čudesna dela Božja takođe prevazilaze vreme i mesto. Ljudi koji su posetili Službu preporoda putem satelita i preko Interneta takođe su iskusili moć Božju i njihova svedočenja se prosleđuju čak i do današnjeg dana.

Zbog ovoga poruka sa Službe preporoda 2003. godine - na kojem su brojni ljudi preporođeni rečima istine, primili novi život, spasenje, odgovore i isceljenje, iskusili moć Božju i Njega uveliko slavili - je bila izdata u jednom delu.

Dajem posebnu zahvalnost Geumsun Vin, urednici

izdavačkog biroa i Prevodilačkom birou na njihovom napornom radu i predanosti.

Neka svako od vas iskusi moć Boga Stvoritelja, Jevanđelje Isusa Hrista i vatrena dela Svetog Duha i neka radost i sreća preliva u vašim životima- za sve ovo ja se molim u ime našeg Gospoda!

Džerok Li

Uvod

Obavezno-pročitati, koja služi kao suštinski vodič po kojem čovek može posedovati pravu veru i iskusiti čudesnu moć Božju

Ja dajem svu zahvalnost i slavu Bogu, koji nas je vodio da izdamo u jednom delu poruku sa „Jedanaeste dvonedeljne posebne Službe preporoda sa Džerokom Lijem" maja 2003. godine koje se dogodilo u sredini Božje velike i čudesne moći.

Moć Božja će vas obuzeti u milosti i pronicljivosti, jer sadrži devet poruka sa Službe preporoda koje je održano sa temom „Moć" kao i svedočenja brojnih pojedinaca koji su direktno osetili moć živog Boga i jevanđelje Isusa Hrista.

U Prvoj poruci „Verovati u Boga" identitet Boga, je opisano ono što jeste verovanje u Njega i načini na koje mi možemo da sretnemo i Njega iskusimo.

U Drugoj poruci „Verovati u Gospoda," je razmotrena namera Isusovog dolaska na zemlju, zašto je samo Isus naš Spasitelj i zašto mi dobijamo spasenje i odgovore kada verujemo u Gospoda Isusa.

Poruka treća „Posuda mnogo lepša od dragog kamena," razrađuje šta je potrebno da bi bili dragoceni kao i blagoslove koji potiču iz takve posude.

Četvrta poruka „Svetlost" objašnjava duhovnu svetlost, šta mi treba da uradimo da bi se sreli sa Bogom koji jeste svetlost i blagoslovi koje ćemo dobiti kada koračamo u svetlosti.

Peta poruka „Moć Svetlosti," dovodi nas do četiri različita nivoa Božje moći koja su manifestovala ljudska stvorenja kroz različite boje svetlosti kao i prava životna svedočenja različitih isceljenja manifestovana na svakom nivou. Šta više, do detalja je objašnjena najviša moć Kreacije, neograničena moć Božja i načini u kojima mi možemo da dobijemo moć svetlosti.

Na osnovu procesa u kome će slepi čovek progledati nakon što sretne Isusa i svedočenja mnogih ljudi koji su dobili vid i bivali isceljeni od lošeg vida, Šesta poruka „Oči slepih će se otvoriti" će vam pomoći da razumete iz prve ruke moć Boga Stvoritelja.

U Sedmoj poruci „Ljudi će ustati, poskočiće i hodaće," priča o paralizovanom čoveku koji dolazi ispred Isusa uz pomoć prijatelja, ustaje i hoda, je pažljivo ispitana. Šta više, poruka takođe rasvetljava čitaocima vrstu dela vere koju treba da predstave Bogu kako bi iskusili tako veliku moć danas.

Osma poruka „Ljudi će se radovati, igrati i pevati" vodi nas u priču gde je gluvo-nemi čovek dobio isceljenje kada je došao ispred Isusa i predstavlja nam načine na koje i mi možemo da iskusimo takvu moć čak i danas.

I na kraju, u Devetoj poruci „Neizostavno proviđenje Božje,“ prorokuje o poslednjim danima i o proviđenju Božjem za Manmin centralnu crkvu- oba koja su otkrivena od Samog Boga još od osnivanja Manmina više od dvadeset godina ranije- do detalja su planski objašnjena.

Kroz ovo delo, da mnogi ljudi počnu da poseduju iskrenu veru, uvek iskuse moć Boga Stvoritelja i ispune Njegovo proviđenje, u ime našeg Gospoda Isusa Hrista ja se molim!

Geumsun Vin
Direktorka Izdavačkog biroa

Sadržaj

Poruka 1

Verovati u Boga

Poslanica Jevrejima 11:3-3

Verom poznajemo
da je svet rečju Božjom svršen,
da je sve što vidimo iz ništa
postalo.

Od prve godišnjice dvonedeljne posebne Službe preporoda održane maja 1993. godine, brojni ljudi su iz prve ruke iskusili mnogo veću moć i dela Božja, sa kojom su bolesti koje nisu mogle biti izlečene sa modernom medicinom bile isceljene i problemi koji nisu mogli biti rešeni bivali razrešeni. Za poslednjih sedamnaest godina, kako nailazimo u Jevanđelju po Marku 16:20, Bog je potvrdio Njegovu reč znakovima koji su je pratile.

Kroz poruke velike dubine u veri, pravednosti, tela i duha, dobrote i svetlosti, ljubavi i slično tome, Bog je poveo mnoge članove Manmina do dubljeg duhovnog kraljevstva. Šta više, kroz svaku Službu preporoda, Bog nas je poveo da svedočimo Njegovoj moći iz prve ruke tako da je to postala svetski poznata Služba preporoda.

Isus nam govori u Jevanđelju po Marku 9:23: „Ako možeš verovati? Sve je moguće onome koji veruje." Prema tome, ako mi posedujemo iskrenu veru, ništa nije za nas nemoguće i mi ćemo dobiti šta god poželimo.

U šta onda mi verujemo i kako da verujemo u to? Ako mi ne znamo i ne verujemo u Boga na pravilan način, mi nećemo moći da iskusimo Njegovu moć i biće nam veoma teško da dobijemo odgovore od Njega. Zbog toga je pravilno razumevanje i verovanje od velike važnosti.

Ko je Bog?

Prvo, Bog je autor šezdeset i šest knjiga Biblije. 2. Timotijeva Poslanica 3:16 nas podseća da: „Sve je pismo od Boga dano." Biblija sadrži šezdeset i šest knjiga i procenjuje se da ju je napisalo trideset i četiri različitih ljudi u periodu od preko 1600. godina. Ipak, najneverovatniji aspekt svake knjige Biblije je taj da uprkos činjenici da je napisana od različitih ljudi u mnogim zemljama, od početka do kraja se podudaraju i odgovaraju jedna drugoj. Drugim rečima, Biblija je reč Božja zapisana u inspiraciji različitih ljudi koje je On smatrao da odgovaraju različitim periodima istorije a kroz nju se On otkriva. Zbog toga oni koji veruju da je Biblija reč Božja i povinuju se njoj mogu da iskuse blagoslove i milost koju je On obećao.

Sledeće, Bog je: „Ja sam Onaj što jeste“ (Izlazak 3:14). Za razliku od idola koji su stvoreni ljudskom maštom ili su rukama oblikovani, naš Bog je pravi Bog koji je postojao od pre početka večnosti pa do večnosti. Šta više, mi možemo da opišemo Boga kao ljubav (1. Jovanova Poslanica 4:16), svetlost (1. Jovanova Poslanica 1:5) i sudiju svih stvari na kraju vremena.

Ipak, iznad svega, mi moramo da se setimo da je Bog, sa Njegovom neverovatnom moći, stvorio sve stvari neba i zemlje. On je Jedan Svemogući koji uporno manifestuje Njegova čuda još od vremena Stvaranja pa do danas.

Stvoritelj svih stvari

U Postanku 1:1, mi nailazimo da: „U početku stvori Bog nebo i zemlju.“ Poslanica Jevrejima 11:3 nam govori: „Verom poznajemo da je svet rečju Božjom svršen, da je sve što vidimo iz ništa postalo."

U stanju praznine na početku vremena, sa Božjom moći sve je u univerzumu stvoreno. Sa Njegovom moći, Bog je stvorio sunce i mesec i nebo, biljke i drveće, ptice i životinje, ribe u moru i čovečanstvo.

Uprkos ovoj činjenici, mnogi ljudi ne mogu da veruju u Boga Stvoritelja jer pojam stvaranja je jednostavno previše kotradiktoran znanju i iskustvu koje su oni stekli i imali na zemlji. Na primer, u mislima takvih ljudi, nije zamislivo da sve stvari u univerzumu budu stvorene sa Božjom zapovesti u stanju praznine.

Zbog toga je teorija evolucije bila smišljena. Pristalice teorije o evoluciji tvrde da su živi organizmi slučajno nastali, sami evoluirali i razmnožili se. Ako ljudi poreknu Božje stvaranje sa takvim uokvirenim znanjem, oni ne mogu da veruju u ostatak Biblije. Oni ne mogu da veruju u propovedanje postojanja neba i pakla zato što nikada nisu bili tamo i u objavu da je Sin Božji koji je rođen kao čovek, umro, vaskrsao i uzdigao se na nebo.

Međutim, mi nalazimo kako nauka napreduje, da je zabluda o evoluciji otkrivena dok pravo stvaranje nastavlja da se širi zemljom. Čak iako mi ne podnosimo listu naučnih dokaza postoje milijardu primera koja svedoče o stvaranju.

Dokazi sa kojima mi možemo da verujemo u Boga Stvoritelja

Evo jednog takvog primera. Postoji više od dve stotine zemalja i mnogo više etničkih grupa ljudi. Ipak, bilo da su oni beli, crni ili žuti, svaki od njih ima dva oka. Svako od njih ima dva uveta, jedan nos i dve nozdrve. Ovaj oblik se ne odnosi samo na ljudska bića već takođe i na životinje na zemlji, ptice na nebu i ribe u moru. Samo zato što je surla slona neverovatno široka i dugačka, to ne znači da on ima više od dve nozdrve. Svako od ljudskih bića, životinja, ptica i riba ima jedna usta i mesto na kojem su usta smeštena je identično. Postoje jedva primetne razlike u odnosu na položaj svakog organa između različitih vrsta, ali većina struktura i položaja su neprimetne.

Kako je sve ovo moglo da se dogodi „slučajno?" Ovo je deo jasnog dokaza da je Stvoritelj dizajnirao i oblikovao mnoge ljude, životinje, ptice i ribe. Da je bilo više od jednog stvoritelja, izgled i oblik živih bića bi bio različit kao i broj i izbor stvoritelja. Međutim, zato što je naš Bog jedini Stvoritelj, sva živa bića su oblikovana u skladu sa istim dizajnom.

Šta više, mi možemo da nađemo mnogo više dokaza u prirodi i univerzumu, koji će nas svi dovesti do verovanja da je Bog sve stvorio. Kao što nam Poslanica Rimljanima 1:20 govori: „Jer šta se na Njemu ne može videti, od postanja sveta moglo se poznati i videti na stvorenjima, i Njegova večna sila i božanstvo, da nemaju izgovora," Bog je dizajnirao i oblikovao sve stvari tako da istina Njegovog postojanja ne može biti odbijena ili opovrgnuta.

U Avakumu 2:18-19, Bog nam govori: „Šta pomaže rezan lik što ga izreza umetnik njegov? Šta liven lik i učitelj laži, te se umetnik uzda u delo svoje gradeći neme idole. Teško onome koji govori drvetu: „Preni se!" i nemom kamenu: „Probudi se!" hoće li on učiti? Eto, obložen je zlatom i srebrom, a nema duha u njemu." Ako je neko od vas služio ili verovao u idole a da nije poznavao Boga, vi morate čvrsto da okajete vaše grehove razdirajući vaša srca.

dokazi sa kojima mi možemo zasigurno da verujemo u Boga Stvoritelja

Postoje ipak mnogo ljudi koji ne mogu da veruju u Boga uprkos neizmerivo mnogim dokazima u njihovoj okolini. Zbog toga nam je, uz manifestovanje Njegove moći, Bog pokazao mnogo očigledne i nesumnjive dokaze o Njegovom postojanju. Sa čudima koja ne mogu biti pokazana od strane čoveka, Bog je dozvolio čovečanstvu da veruje u Njegovo postojanje i čudesna dela.

U Bibliji, postoje mnogi fascinatni slučajevi u kojima je Božja moć manifestovana. Crveno more je podeljeno na pola, sunce je stajalo ili se povuklo nazad, vatra sa neba je bačena dole. Gorka voda u pustinji se pretvorila u slatku, pijaću vodu a iz stene je potekao izvor vode. Mrtvi su oživeli, bolesti su isceljene i naizgled izgubljene bitke su osvojene.

Kada ljudi veruju u svemogućeg Boga i pitaju Ga, oni mogu da iskuse nezamisliva dela Njegove moći. Zbog toga je Bog zapisao u Bibliji mnogo slučajeva u kojima je Njegova moć bila manifestovana i blagoslovio nas je da verujemo.

Ipak, dela Njegove moći ne postoje samo u Bibliji. Zato što je Bog nepromenljiv, kroz brojne znakove i čuda i dela Njegove moći, On manifestuje danas Njegovu moć kroz iskrene vernike širom sveta; tako nam je On obećao. U Jevanđelju po Marku 9:23 Isus nas uverava: „Ako možeš verovati? Sve je moguće onome koji veruje." U Jevanđelju po Marku 16:17-18, naš Gospod nas podseća: „A znaci onima koji veruju biće ovi: imenom Mojim izgoniće đavole; govoriće novim jezicima; uzimaće zmije u ruke, ako i smrtno šta popiju, neće im nauditi; na bolesnike metaće ruke, i ozdravljaće."

Moć Božja manifestovana u Manmin centralnoj crkvi

Crkva u kojoj ja služim kao viši pastor, Manmin centralna

„Koliko sam zahvalna bila
kada si spasio moj život...
mislila sam da ću se oslanjati na moje štake
celog mog života...

Sada, ja mogu da hodam...
Oče, Oče, ja Tebi zahvaljujem!“

Đakonica Joana Park (Johanna Park),
koja je bila trajno hendikepirana,
odbacuje i hoda
nakon što je primila moju molitvu

crkva, je manifestovala dela moći Boga Stvoritelja dok je težila da raširi jevanđelje do krajeva sveta. Još od osnivanja 1982. godine pa do danas, Manmin je povela mnoge ljude ka putu spasenja uz moć Boga Stvoritelja. Najznačajnije delo Njegove moći je isceljenje od bolesti i slabosti. Mnogi ljudi sa „neizlečivim" bolestima uključujući rak, tuberkoloza, paraliza, cerebralna paraliza, kila, artritis, leukemija i slično tome su bili isceljeni. Demoni su isterivani, hromi su ustali i počeli da hodaju i trče i oni koji su bili paralizovani od različitih nesreća su bivali dobro. Pored toga, odmah nakon primanja molitve, ljudi koji su patili od teških opekotina su bili isceljeni bez ikakvih groznih preostalih ožiljaka. Drugi čija su tela bila ukočena i koji su već izgubili svest zbog izlivanja krvi u mozgu ili trovanja gasom su se odmah oporavili. Ipak drugi koji su prestali da dišu vratili su se u život nakon što su primili molitvu.

Mnogi drugi, koji nisu mogli da imaju decu pet, sedam, deset čak i za vreme od dvadeset godina braka, dobili su blagoslov začeća nakon što su primili molitvu. Mnogi pojedinci koji nisu mogli da čuju, vide i govore mnogo su slavili Boga nakon što su povratili tu sposobnost sa molitvom.

„Ja čeznem da idem tvojom stranom,
Oče, ali šta će se dogoditi mojim voljen
kada mene nema?
Gospode, ako mi daš novi život,
ja ću ga posvetiti Tebi...“

Starešina Monki Kim (Moonki Kim),
koji se iznenada onesvestio
zbog cerebralne kapi,
je povratio svest i ustao je
nakon molitve dr. Džeroka Lija

Čak iako su nauka i medicina napravile neverovatan skok iz godine u godinu, iz veka u vek, mrtve ćelije ne mogu biti oživljene i urođeno slepilo ili gubitak sluha se ne mogu izlečiti. Međutim, svemogući Bog može sve da učini pošto je On sve stvorio od ničega.

Ja sam sam iskusio moć svemogućeg Boga. Bio sam na pragu smrti sedam godina pre nego što sam počeo da verujem u Njega. Bio sam bolestan u svim delovima moga tela, sa izuzetkom mojih očiju, da sam dobio nadimak „robna kuća bolesti." Uzalud sam pokušavao sa istočnom i zapadnom medicinom, medicinom gubavca, svim vrstama biljaka, žučnim kesama medveda i pasa, stonoga čak i sa tečnošću izmeta. Uložio sam svaki napor za vreme sedmogodišnje agonije, ali se nisam mogao isceliti. Kada sam bio u velikom očaju u proleće 1974. godine, imao sam neverovatno iskustvo. U trenutku ja sam sreo Boga, On me je iscelio od svih mojih bolesti i slabosti. Od tada pa nadalje, Bog me je uvek štitio kako se više ne bi razboleo. Čak i kada sam osećao neku nelagodnost u delovima moga tela, nakon molitve sa verom ja sam bio odmah isceljen.

Pored mene samog i moje porodice, ja znam da mnogi članovi Manmina veruju iskreno u svemogućeg Boga i zbog toga, oni su uvek fizički zdravi i ne zavise od medicine. U znak zahvalnosti prema milosti Boga Iscelitelja, mnogi ljudi koji su postali dobro sada služe crkvi kao odani Božji sveštenici, vođe, đakoni i đakonice i radnici.

Božja moć nije ograničena u isceljivanju od bolesti i slabosti. Od kako je crkva osnovana 1982. godine, mnogi članovi Manmina su bili svedoci brojnim slučajevima u kojima je molitva sa verom u Božju moć kontrolisala vreme kao što je prestanak teških pljuskova, štitila je članove Manmina sa oblacima u vrelom sunčanom danu i navodila tajfune da se smire ili promene svoj kurs. Na primer, svakog jula i avgusta se održavaju u svim crkvama letnje molitve. Čak iako ostatak Koreje pati od oštećenja uzrokovanim tajfunima i poplavama, mesta i delovi zemlje gde se održavaju molitve obično ostaju netaknuta u teškim pljuskovima i drugim prirodnim katastrofama. Brojni članovi Manmina takođe redovno viđaju duge, čak i u danima kada ranije nije padala kiša.

Postoji čak i još neverovatniji prizor Božje moći. Dela Njegove moći se manifestuju čak i kada se direktno ne molim za bolesne ljude. Mnogi ljudi su u velikoj meri slavili Boga nakon što su primili isceljenje i blagoslove kroz „Molitvu za bolesne" za celu zajednicu sa propovedaonice i „Molitvu" snimljenu na video kasetama, emisijama kroz Internet i automatskih sekretarica.

Šta više, u Delima Apostolskim 19:11-12 mi nailazimo da: „Bog je činio izvanredna čuda sa rukama Pavla, tako da kad bi se maramice ili kecelje sa njegovog tela samo donele do bolesnih, bolesti su ih napuštale i zli duhovi bi izašli napolje." Isto tako, kroz maramicu na kojoj sam se ja molio, dela Božje moći su manifestvovana.

Šta više, kada sam položio ruke i molio se nad fotografijama bolesnih, isceljenja koja su prevazilazila vreme i prostor su se događala širom sveta. To je razlog zašto, kada sam predvodio prekomorski pohod, sve vrste bolesti i slabosti, uključujući i smrtonosnu sidu (AIDS) su isceljene u trenu uz moć Božju koja prevazilazi vreme i prostor.

Da iskusite moć Božju

Da li ovo znači da svako ko veruje u Boga može da oseti zapanjujuća dela Njegove moći i dobije odgovore i blagoslove? Mnogi ljudi svedoče o svojoj veri u Boga ali ne doživljavaju svi moć. Vi možete da osetite Njegovu moć samo kada je vaša vera u Boga iskazana u delima i On priznaje: „Ja znam da ti veruješ u mene."

Bog će samu činjenicu da neko sluša nečije propovedanje i posećivanje službe bogosluženja smatrati kao „veru." Međutim, da bi posedovali iskrenu veru sa kojom možete da dobijete isceljenje i odgovore, vi morate da čujete i da znate o tome ko je Bog, o tome zašto je Isus naš Spasitelj i o postojanju neba i pakla. Kada vi razumete ove činjenice, pokajete se zbog vaših grehova, prihvatite Isusa kao Spasitelja i primite Svetog Duha, vi ćete dobiti pravo kao dete Božje. Ovo je prvi korak ka iskrenoj veri.

Ljudi koji poseduju iskrenu veru će pokazati dela koja svedoče o ovakvoj veri. Bog će videti dela vere i odgovoriće željama u njihovim srcima. Oni koji iskuse dela Njegove moći prikazuju dokaze vere Njemu i cenjeni su od Boga.

Udovoljavanje Bogu sa delima vere

Evo nekoliko primera iz Biblije. Prvo, u 2. Knjiga Kraljevima je priča o Namanu, komandantu vojske kralja Arama. Naman je iskusio dela Božje moći nakon što je pokazao svoju veru povinovanjem prema proroku Jeliseju, kroz koga je Bog govorio.

Naman je bio ugledan general kraljevstva Arama. Kada je on imao lepru, Naman je posetio Jeliseja, za koga se govorilo da je izvodio neviđena čuda. Međutim, kada je takav uticajan i poznat general kao Naman stigao do Jelisejevog doma sa velikom količinom zlata, srebra i odeće, prorok je samo poslao glasnika kod Namana i rekao mu: „Idi i okupaj se sedam puta u Jordanu" (stih 10).

U početku, Naman je bio vidno ljut uglavnom zato što nije dobio odgovarajući tretman od proroka. Pored toga, umesto da se Jelisej moli za njega, Namanu je rečeno da ide i da se okupa u reci Jordan. Međutim, Naman je uskoro promenio misli i povinovao se. Čak iako reči Jeliseja nisu bile po njegovoj volji i nije se slagao sa njegovim mislima, Naman je bio odlučan da makar pokuša da se povinuje proroku Božjem.

U vreme kada je sebe prao šest puta u reci Jordan, nikakve vidljive promene se nisu dogodile u njegovoj lepri. Ipak, kada se Naman oprao sedmi put u Jordanu, njegova koža je bila obnovljena i postao je čist kao malo dete (stih 14).

Duhovno, „voda“ simbolizuje Reč Božju. Činjenica da je Naman sebe pokvasio u reci Jordan znači da je sa Njegovom Rečju Naman bio očišćen od njegovih grehova. Šta više, broj „sedam“ znači savršenstvo; činjenica da je Naman sebe pokvasio u reci „sedam puta“ znači da je general dobio potpune oproštaje.

Na isti način, ako mi želimo da dobijemo Božje odgovore, mi najpre moramo da se iskreno pokajemo u našim grehovima na način kao što je Naman učinio. Ipak, pokajanje se ne završava kada samo kažemo: „Ja se kajem. Činio sam pogrešno.“ Vi treba da: „razderite srca svoja“ (Joilo 2:13). Šta više, kada se iskreno pokajete od vaših grehova vi morate da odlučite da nikada više ne počinite isti greh. Samo onda će zid greha između vas i Boga biti uništen, sreća će izvirati iznutra, vaši problemi će se rešiti i vi ćete dobiti odgovore na vaše želje iz srca.

Drugo, u 1. Knjiga Kraljevima 3 mi nailazimo na kralja Solomona koji nudi hiljadu žrtva paljenica pred Boga. Kroz ove žrtve paljenice, Solomon pokazuje dela njegove vere kako bi dobio odgovore od Boga i kao posledica toga on nije dobio od Boga samo ono što je tražio već takođe i ono što nije tražio.

Da Solomon ponudi hiljadu žrtva paljenica, to zahteva veliku količinu posvećenosti. Za svaku žrtvu paljenicu, kralj bi trebao da uhvati životinje i da ih pripremi. Možete li da zamislite koliko mnogo vremena, napora i novca je to moralo da košta da bi dao takve žrtve paljenice hiljadu puta? Vrsta posvećenosti kralja Solomona je pokazala da to ne bi bio moguće da kralj nije verovao u živog Boga.

Kada je On video Solomonovu posvećenost, Bog ne samo da mu je dao mudrost, koju je kralj prvobitno tražio, već takođe je dostigao i poštovanje - tako da za vreme njegovog života nije bilo sličnog među kraljevima.

Na kraju, u Jevanđelju po Mateju 15 je priča o ženi iz Sirijske Fenikije čija je ćerka bila opsednuta demonom. Ona je došla ispred Isusa skromnog i nepromenljivog srca, pitala je Isusa za isceljenje i dobila je na kraju želju u njenom srcu. Međutim, u iskrenom moljenju žene, Isus nije inicijativno odgovorio: „U redu, tvoja ćerka je isceljena." Umesto toga, On je rekao ženi: „Nije dobro uzeti od dece hleb i baciti psima" (stih 26). On je uporedio ženu sa psom. Da je žena bila bez vere ona bi se osećala ili užasno osramoćena ili nekontrolisano ljuta. Ipak, ova žena je imala veru koja ju je uverila Isusovim odgovorom i nije bili niti razočarana niti obeshrabrena. Umesto toga, ona je još više bila pokorno odanija Isusu. „Da, Gospode", rekla je žena Isusu: „ali i psi jedu od mrva što padaju s trpeze njihovih gospodara." U ovome, Isus je bio mnogo zadovoljan ženinom verom i odmah je iscelio njenu ćerku opsednutu demonom.

Slično tome, ako mi želimo da dobijemo isceljenje i odgovore, mi do kraja moramo da pokažemo našu veru. Šta više, ako vi posedujete veru sa kojom vi možete da dobijete Njegove odgovore, vi morate fizički da predstavite sebe pred Bogom.

Naravno, zato što je Božja moć mnogo manifestovana u

Manmin centralnoj crkvi, moguće je da se dobije isceljenje ili preko maramice na kojoj sam se ja molio ili preko fotografija. Međutim, osim neko ako je bolestan i u kritičnom stanju, osoba mora sama da dođe ispred Boga. Jedan može da iskusi moć Božju samo nakon što čuje Njegovu reč i poseduje veru. Šta više, ako je osoba mentalno zaostala ili opsednuta demonom i zbog toga ne može da dođe ispred Boga sa sopstvenom verom, onda kao i žena iz Sirijske Fenikije, njegovi roditelji ili porodica moraju da dođu ispred Boga umesto njega sa ljubavlju i verom.

Pored ovih, postoje i mnogo drugih dokaza vere. Na primer, na licu pojedinca koji poseduje veru sa kojom on može da dobije odgovore, sreća i zahvalnost su uvek uočljive. U Jevanđelju po Marku 11:24, Isus nam kaže: „Zato vam kažem, sve što ištete u svojoj molitvi verujte da ćete primiti, i biće vam." Ako vi imate iskrenu veru, vama će uvek biti drago i bićete zahvalni sve vreme. Pored toga, ako vi svedočite da verujete u Boga, vi ćete se povinovati i živeti po Njegovoj Reči. Pošto je Bog svetlost, vi ćete se boriti da hodate u svetlosti i preobratićete se.

Bog uživa u našim delima vere i odgovara našim željama iz

srca. Da li vi posedujete vrstu i meru vere koju će Bog ceniti?

U Poslanici Jevrejima 11:6 mi smo podsećani: „A bez vere nije moguće ugoditi Bogu; jer onaj koji hoće da dođe k Bogu, valja da veruje da ima Bog i da plaća onima koji Ga traže."

Pravilnim razumevanjem šta je verovanje u Boga i dokazivanjem naše vere, da svako od vas udovolji Njemu, iskusi Njegovu moć i vodi blagosloven život, u ime našeg Gospoda Isusa Hrista ja se molim!

Poruka 2

Verovati u Gospoda

Poslanica Jevrejima 12:1-2

Zato, dakle, i mi imajući oko sebe
toliku gomilu svedoka,
da odbacimo svako breme i greh
koji je za nas prionuo,
i s trpljenjem da trčimo u bitku
koja nam je određena,
Gledajući na Svršitelja Isusa,
Načelnika vere
i koji mesto određene sebi radosti pretrpe krst, ne mareći za sramotu,
i sede
s desne strane prestola Božjeg

Mnogi ljudi su danas čuli ime „Isus Hrist." Iznenađujući broj ljudi, međutim, ne zna zašto je Isus jedini Spasitelj za čovečanstvo ili zašto mi dobijamo spasenje samo kada verujemo u Isusa Hrista. Još gore, postoje neki hrišćani koji ne mogu da odgovore na pitanje odozgo čak i kada su direktno povezani sa spasenjem. Ovo znači da ovi hrišćani vode živote u Hristu bez da potpuno razumeju duhovno značenje ovih pitanja.

Prema tome, samo kada mi tačno znamo i razumemo zašto je Isus naš jedini Spasitelj i šta je to što treba da prihvatimo i verujemo u Njega i posedujemo iskrenu veru, mi možemo da iskusimo moć Božju.

Neki ljudi jednostavno smatraju Isusa kao jednog od četvorice velikih svetitelja. Drugi prosto misle o Njemu kao o osnivaču hrišćanstva, ili Ga smatraju veoma velikodušnim čovekom koji je činio velika dela za vreme Njegovog života.

Međutim, oni od nas koji su postali deca Božja moraju biti u stanju da priznaju da Isus jeste Spasitelj čovečanstva koji je iskupio sve ljude od njihovih grehova. Kako mi uopšte možemo da upoređujemo Sina Božjeg, Isusa Hrista sa ljudskim bićima, običnim stvorenjima? Čak i u Isusovo vreme, mi nalazimo da su postojali razni pogledi kroz koje su ljudi gledali na Njega.

Sin Božji Stvoritelj, Spasitelj

U Jevanđelju po Mateju 16 je scena u kojoj je Isus pitao Njegove učenike: „Ko govore ljudi da je Sin čovečiji?" (stih 13) Citirajući različite ljudske odgovore, učenici su odgovorili: „Jedni govore da si Jovan krstitelj, drugi da si Ilija, a drugi Jeremija, ili koji od proroka" (stih 14). Onda je Isus pitao Svoje učenike: „A vi šta mislite ko sam Ja?" (stih 15) Kada je Petar odgovorio: „Ti si Hristos, Sin Boga Živoga" (stih 16), Isus mu je zapovedio: „Blago tebi, Simone sine Jonin, jer telo i krv nisu to tebi javili, nego Otac Moj koji je na nebesima" (stih 17). Kroz brojna dela Božje moći koja je Isus manifestovao, Petar je bio siguran da je On bio Sin Božji Stvoritelj i Hrist, Spasitelj čovečanstva.

Na početku, Bog je stvorio čoveka od prašine po Njegovom sopstvenom liku i odveo ga u Edemski vrt. U vrtu je bilo drvo života i drvo spoznaje dobra i zla i Bog je zapovedio prvom čoveku Adamu: „Jedi slobodno sa svakog drveta u vrtu; ali s drveta od znanja dobra i zla, s njega ne jedi; jer u koji dan okusiš s njega, umrećeš“ (Postanak 2:16-17).

Nakon što je prošlo mnogo vremena, prvi čovek Adam i Eva su bili uhvaćeni od zmije otrovnice, koju je nahuškala Sotona i nisu se pokorili Božjoj zapovesti. Na kraju, oni su jeli sa drveta spoznaje dobra i zla i bili su izbačeni iz Edemskog vrta. Kao posledica njihovih dela, potomci Adama i Eve nasledili su njihovu grešnu prirodu. Šta više, kao što je Bog rekao Adamu da će zaista umreti, svi duhovi njegovih potomaka su odvedeni u večnu smrt.

Prema tome, pre početka vremena, Bog je pripremio put spasenja, Sina Božjeg Stvoritelja Isusa Hrista. Kao što nam Dela Apostolska 4:12 govore: „I nema ni u jednom drugom spasenja; jer nema drugog imena pod nebom danog ljudima kojim bi se mi mogli spasti" osim Isusa Hrista, niko drugi u istoriji nije kvalifikovan da bude Spasitelj čovečanstva.

Providenje Božje koje je bilo skriveno pre početka vremena

1. Korinćanima Poslanica 2:6-7 nam govori: „Ali premudrost govorimo koja je u savršenima, a ne premudrost veka ovog ni knezova veka ovog koji prolaze; nego govorimo premudrost Božiju u tajnosti sakrivenu, koju odredi Bog pre sveta za slavu našu; koje nijedan od knezova veka ovog ne pozna." 1. Korinćanima Poslanica 2:8-9 nastavlja da nas podseća: „Jer da su je poznali, ne bi Gospoda slave razapeli; nego kao što je pisano: „Šta oko ne vide, i uho ne ču, i u srce čoveku ne dođe, ono ugotovi Bog onima, koji Ga ljube."" Mi moramo da razumemo da put spasenja koji je Bog pripremio za čovečanstvo pre početka vremena je put krsta Isusa Hrista i ovo je Božja mudrost koja je bila skrivena.

Kao Stvoritelj, Bog uvek vlada nad svime u univerzumu i vlada istorijom čovečanstva. Kralj ili predsednik zemlje vlada nad njegovom zemljom u skladu sa zakonom zemlje; izvršni direktor korporacije nadgleda svoju kompaniju u skladu sa uputstvima kompanije; i glava domaćinstva nadzire njegovu porodicu u skladu sa pravilima porodice. Slično tome, čak iako je Bog vlasnik svih stvari u univerzumu, On uvek vlada nad svim stvarima u skladu sa zakonom o duhovnom kraljevstvu kao što je nađeno u Bibliji.

U skladu sa zakonom duhovnog kraljevstva, postoji pravilo: „Plata za greh je smrt“ (Poslanica Rimljanima 6:23), koje kazni krivce i takođe postoji pravilo koje nas otkupljuje od naših grehova. Zbog toga je Bog primenio pravilo da nas otkupi od naših grehova kako bi obnovio vlast koja je bila predata neprijatelju đavolu kroz Adamovu nepokornost.

Koje je bilo pravilo sa kojim je čovečanstvo moglo biti otkupljeno i da se obnovi vlast prvog čoveka Adama ustupljena neprijatelju đavolu? U skladu sa „zakonom o otkupu zemljišta“,

Bog je pripremio put spasenja za čovečanstvo pre nego što je vreme počelo.

Isus Hrist je kvalifikovan u skladu sa zakonom o otkupu zemljišta

Bog je dao Izraelcima „zakon o otkupu zemljišta“ koji naloži sledeće: zemlja ne može biti trajno prodana i ako jedan postane siromašan i proda svoju zemlju, njegov najbliži rođak ili sama osoba može da dođe i da otkupi zemlju, time obnavlja vlasništvo zemlje (Levitski Zakonik 25:23-28).

Bog je unapred znao da će Adam ustupiti vlast koju je dobio od Boga neprijatelju đavolu u njegovom nepokoravanju. Šta više, kao iskreni i pravi Vlasnik svih stvari u univerzumu, Bog je predao neprijatelju đavolu vlast i slavu koju je Adam nekada posedovao, kako je bilo zahtevano po zakonu duhovnog kraljevstva. Zbog toga kada je đavo uhvatio Isusa u Jevanđelju po Luki 4 pokazujući Mu sva kraljevstva sveta, on je mogao da kaže

Isusu: „Tebi ću dati svu vlast ovu i slavu njihovu, jer je Meni predana, i kome Ja hoću daću je“ (Jevanđelje po Luki 4:6-7).

U skladu sa zakonom o otkupu zemljišta, sva zemlja pripada Bogu. Na ovaj način, čovek nikada trajno ne može da je proda i kada se pojedinac sa prikladnim kvalifikacijama pojavi, prodana zemlja mora biti vraćena toj osobi. Slično tome, sve stvari u univerzumu pripadaju Bogu, tako da Adam nije mogao da je „proda“ trajno i čak ni đavo nije mogao da je trajno poseduje. Prema tome, kada se pojedinac sposoban da povrati Adamovu izgubljenu vlast pojavi, neprijatelj đavo nema izbora nego da preda vlast koju je dobio od Adama.

Pre početka vremena, Bog pravde je pripremio nevinog čoveka kvalifikovanog u skladu sa zakonom za otkup zemljišta i taj put spasenja za čovečanstvo je Isus Hrist.

Kako onda, u skladu sa zakonom o otkupu zemljišta, je mogao Isus Hrist da povrati vlast koja je bila predana neprijatelju đavolu? Samo kada je Isus ispunio sledeće četiri kvalifikacije, On je mogao da otkupi sve ljude od njihovih grehova i da povrati vlast koja je bila predana neprijatelju đavolu.

Prvo, otkupilac mora da bude čovek, Adamov „najbliži rođak.

Levitski Zakonik 25:25, nam kaže: „Ako osiromaši brat tvoj i proda nešto od baštine svoje, a posle dođe ko od roda njegovog najbliži njemu da otkupi, neka otkupi šta brat njegov prodade." Pošto „najbliži rođak" može da otkupi zemlju, kako bi obnovio vlast koju je Adam ustupio, taj „najbliži rođak" mora biti čovek. U 1. Korinćanima Poslanici 15:21-22 čitamo: „Jer budući da kroz čoveka bi smrt, kroz čoveka i vaskrsenje mrtvih. Jer kako po Adamu svi umiru, tako će i po Hristu svi oživeti." Drugim rečima, kako je smrt nastupila kroz nepokornost čoveka, oživljavanje mrtvih duša mora biti ispunjeno kroz jednog čoveka.

Isus Hrist je „Reč [koja] postaje telo" i dolazi na zemlju (Jevanđelje po Jovanu 1:14). On je Sin Božji, rođen u telu sa obe božanske ljudske prirode. Šta više, Njegovo rođenje je istorijska činjenica i postoje mnogo dokaza koja svedoče ovoj činjenici. Posebno treba istaći, istorija čovečanstva označava se korišćenjem

„B.C."ili „Vreme pre Hrista" i „A.D." ili „Anno Domini" na latinskom, što znači „leta Gospodnjeg."

Pošto je Isus Hrist ušao na svet u telu, On je „najbliži rođak" Adama i susreće se sa prvom kvalifikacijom.

Drugo, otkupilac ne sme biti Adamov potomak.

Da bi pojedinac mogao da otkupi druge od njihovih grehova, on sam ne sme da bude grešnik. Svi Adamovi potomci, koji je sam postao grešnik kroz svoju nepokornost, su grešnici. Prema tome, u skladu sa zakonom o otkupljenju zemljišta, otkupilac ne sme da bude Adamov potomak.

U Postanku 5:1-3 stoji sledeće:

I videh u desnici Onog što seđaše na prestolu knjigu napisanu iznutra i spolja, zapečaćenu sa sedam pečata. I videh anđela jakog gde propoveda glasom velikim: „Ko je dostojan da otvori knjigu i da razlomi pečate njene?" I niko ne mogaše ni na nebu ni na zemlji, ni pod zemljom da otvori knjige ni da zagleda u nju.

Ovde, knjiga i „razlomiti pečate njene“ se odnosi iskovan ugovor između Boga i đavola nakon Adamove nepokornosti i „onaj ko je dostojan da otvori knjigu i da razlomi pečate njene“ mora biti kvalifikovan u skladu sa zakonom o otkupljenju zemljišta. Kada je apostol Jovan gledao unaokolo za onim koji može da otvori knjigu i da razbije njene pečate, on nije mogao da pronađe nikoga.

Jovan je gledao u nebo i tamo je bilo anđela ali ni jedan čovek. On je pogledao na zemlju i video je samo Adamove potomke, sve grešnike. On je pogledao pod zemlju i video je samo grešnike osuđene na pakao i bića koja pripadaju đavolu. Jovan je plakao i plakao jer niko nije pronađen dovoljno kvalifikovan u skladu sa zakonom o otkupljivanju zemljišta (stih 4).

Onda jedan od starešina utešio je Jovana i rekao mu je: „Ne plači, evo je nadvladao lav, koji je od kolena Judinog, koren Davidov, da otvori knjigu i razlomi sedam pečata njenih” (stih 5). Ovde: „Lav od kolena Judinog, koren Davidov“ se odnosi na Isusa, koji je od plemena Judinog i kuće Davidove; Isus Hrist je kvalifikovan da bude otkupilac u skladu sa zakonom o otkupljivanju zemljišta.

Iz Jevanđelja po Mateju 1:18-21, mi nailazimo na detaljan opis rođenja našeg Gospoda:

A rođenje Isusa Hrista bilo je ovako: kad je Marija, mati Njegova, bila isprošena za Josifa, a još dok se nisu bili sastali, nađe se da je ona trudna od Duha Svetog. A Josif muž njen, budući pobožan i ne htevši je javno sramotiti, namisli je tajno pustiti. No kad on tako pomisli, a to mu se javi u snu anđeo Gospodnji govoreći: „Josife, sine Davidov! Ne boj se uzeti Marije žene svoje; jer ono što se u njoj začelo od Duha je Svetog. Pa će roditi Sina, i nadeni Mu ime Isus; jer će On izbaviti svoj narod od greha njihovih."

Razlog zbog koga je Božji Sin Isus Hrist došao na ovaj svet u telu (Jevanđelje po Jovanu 1:14), kroz matericu device Marije je taj što je Isus morao da bude čovek ali ne potomak Adama, kako bi On bio kvalifikovan u skladu sa zakonom o otkupljivanju zemljišta.

Treće, otkupilac mora da ima moć.

Pretpostavimo da je mlađi brat postao siromašan i mora da proda zemlju i njegov stariji brat želi da otkupi zemlju za svog mlađeg brata. Onda, stariji brat mora da stekne dovoljno sredstva da bi je otkupio (Levitski Zakonik 25-26). Slično tome, ako je mlađi brat u velikim dugovima i ako stariji brat želi da ih vrati, stariji brat to može da učini kada ima „dovoljna sredstva" a ne samo sa dobrom namerom.

Na isti način, kako bi preobratili grešnika u pravednog čoveka, „određena sredstva" ili moć su potrebni. Ovde, moć da se otkupi zemljište se odnosi na moć da se otkupe ljudi od njihovih grehova. Drugim rečima, otkupilac svih ljudi koji je kvalifikovan u skladu sa zakonom o otkupljivanju zemljišta ne može da ima grehove koji mogu da se nađu u njemu.

Pošto Isus Hrist nije Adamov potomak, On nema pravi greh. Niti je Isus imao samo-počinjene grehove jer je On održavao zakon za vreme Njegovih 33. godina života na zemlji. On je bio obrezan osmog dana nakon Njegovog rođenja i pre Njegovog službovanja od trideset i tri godine, Isus se potpuno povinovao i voleo je Njegove roditelje najviše i predano se pridržavao svim zapovestima.

Zbog toga nam Poslanica Jevrejima 7:26 govori: „Jer takav nama trebaše poglavar sveštenički: svet, bezazlen, čist, odvojen od grešnika, i koji je bio više nebesa." U 1. Petrovoj Poslanici 2:22-23 mi nailazimo: „greha ne učini, niti se nađe prevara u ustima Njegovim; koji ne psova kad Ga psovaše; ne preti kad strada; nego se oslanjaše na Onog koji pravo sudi."

Četvrto, otkupilac mora da ima ljubav.

Kako bi bilo ispunjeno otkupljivanje zemljišta, pored tri uslova od gore, zahtevana je i ljubav. Bez ljubavi, stariji brat koji je mogao da otkupi zemljište za njegovog mlađeg brata, neće otkupiti zemlju. Čak iako je stariji brat bogatiji čovek u zemlji dok njegov mlađi brat ima astronomsko veliki dug, bez ljubavi stariji brat neće pomoći mlađem bratu. Koje dobro će moć i bogatstvo starijeg brata doneti mlađem bratu?

U Ruti 4, je priča o Voasu, koji je bio mnogo svestan uslova u kojima se Rutina svekrva Nojemina našla. Kada je Voas pitao „rođaka otkupioca" da otkupi Nojeminino nasleđe, rođak otkupilac je odgovorio: „Ne mogu otkupiti, da ne raspem svoje nasledstvo. Otkupi ti šta bi trebalo da ja otkupim, jer ja ne mogu otkupiti" (stih 6). Onda je Voas, u njegovoj izobilnoj ljubavi, otkupio zemlju za Nojeminu. Nakon toga, Voas je bio mnogo blagosloven da bude pradeda Davida.

Isus, koji je došao na ovu zemlju u telu, nije bio potomak Adama zato što je On bio začet Svetim Duhom, i nije počinio nijedan greh. Zato, On je imao „dovoljna sredstva" da nas otkupi. Da Isus nije imao ljubavi međutim On ne bi izdržao agoniju razapeća. Ipak, Isus je bio toliko pun ljubavi da je On bio razapet od strane običnih bića, prolio je svu Njegovu krv i otkupio je čovečanstvo i na ovaj način otvorio put spasenja. Ovo je rezultat neizmerive ljubavi našeg Oca Boga i žrtva Isusa koji je bio pokoran do tačke smrti.

Razlog zbog koga je Isus okačen na drvetu

Zašto je Isus bio okačen na drveni krst? Ovo je da bi se zadovoljio zakon duhovnog kraljevstva, koje propisuje:„Hristos je nas iskupio od kletve zakonske postavši za nas kletva, jer je pisano: „Proklet svaki koji visi na drvetu"" (Poslanica Galaćanima 3:13). Isus je bio okačen na drveni krst zbog nas kako bi On mogao da otkupi nas grešnike od „zakonske kletve."

Levitski Zakonik 17:11 nam govori: „Jer je duša telu u krvi; a ja sam vam je odredio za oltar da se čiste duše vaše; jer je krv što dušu očišća" U Poslanici Jevrejima 9:22 čitamo: „I gotovo sve se krvlju čisti po zakonu, i bez prolivanja krvi ne biva oproštenje." Krv je oproštaj zato što „ne postoji praštanje" bez prolivanja krvi. Isus je prolio Njegovu nevinu i dragocenu krv kako bi mi mogli da dobijemo život.

Šta više, kroz Njegove patnje na krstu, vernici su oslobođeni od prokletstva bolesti, slabosti, siromaštva i slično tome. Pošto je Isus živeo u siromaštvu dok je bio na zemlji, On je brinuo o siromašnima. Pošto je Isus bio šiban, mi smo oslobođeni od svih naših bolesti. Pošto je Isus nosio krunu od trnja, On nas je otkupio od grehova koje smo mi počinili u mislima. Pošto su Isusu probijani ekseri kroz Njegove ruke i noge, On nas je otkupio od svih naših grehova koje smo počinili našim rukama i nogama.

Verovanje u Gospoda je da se promenimo u istinu

Ljudi koji iskreno razumeju proviđenje sa krsta i veruju u njega iz dubine njihovih srca će se otarasiti od grehova i živeće po volji Božjoj. Kao što nam Isus govori u Jevanđelju po Jovanu 14:23: „Ko ima ljubav k Meni, držaće reč Moju; i Otac moj imaće ljubav k njemu; i k njemu ćemo doći, i u njega ćemo se staniti," takav pojedinac će primiti Božju ljubav i blagoslove.

Zašto onda, ljudi koji priznaju svoju veru u Gospoda ne dobijaju odgovore u svojim molitvama i žive u sredini iskušenja i nesreća? To je zato što, čak iako oni možda kažu da veruju u Boga, Bog ne smatra njihovu veru kao iskrenu veru. Ovo znači da uprkos tome da su čuli reč Božju, oni se nisu otarasili od svojih grehova i nisu se promenili se u istinu.

Na primer, postoje brojni vernici koji nisu uspeli da se povinuju Deset Zapovestima, osnovama života u Hristu. Takvi pojedinci su svesni zapovesti: „Seti se dana Sabata i održavaj ga svetim." Ipak, oni samo posećuju jutarnje službe ili ne prisustvuju ni jednoj službi i rade sopstveni posao na Gospodnji dan. Oni znaju da treba da daju desetak ali pošto im je novac veoma drag, oni ne daju ceo desetak. Kada nam je Bog izričito rekao da ako ne damo celi desetak onda je to „zakidanje" Njega, kako će oni dobiti odgovore i blagoslove (Malahija 3:8).

Onda postoje oni vernici koji ne praštaju greške i krivicu drugih. Oni postaju ljuti i kuju planove kako da uzvrate na isti stepen zlobe. Neki daju obećanja ali ih krše sada i opet, dok drugi okrivljuju i tužakaju se, upravo kao što to svetovni ljudi rade. Kako se za njih može reći da poseduju iskrenu veru?

Ako mi imamo iskrenu veru, mi moramo da se borimo da uradimo sve stvari u skladu sa voljom Božjom, da izbegnemo svaku vrstu zla, da ličimo na našeg Gospoda koji je predao

Njegov sopstveni život za nas grešnike. Takvi ljudi mogu da oproste i vole one koji ih mrze i koji su ih povredili i uvek služe i žrtvuju sebe za druge.

WKada se otarasite preke naravi, vi ćete biti preobraćeni u vrstu osobe čije usne će samo izgovarati reči dobrote i topline. Ako ste se žalili ranije u svakoj prilici, sa iskrenom verom vi ćete se okrenuti i davaćete zahvalnost u svim uslovima i širićete milost prema svima onima u vašoj okolini.

Ako mi iskreno verujemo u Gospoda, svako od nas mora da liči na Gospoda i da vodi preobraćeni život. Ovo je način na koji možemo da dobijemo Božje odgovore i blagoslove.

Poslanica u Jevrejima 12:1-2 nam govori:

Zato, dakle, i mi imajući oko sebe toliku gomilu svedoka, da odbacimo svako breme i greh koji je za nas prionuo, i s trpljenjem da trčimo u bitku koja nam je određena, gledajući na Načelnika vere i Svršitelja Isusa, koji mesto određene sebi radosti pretrpe krst, ne mareći za sramotu, i sede s desne strane prestola Božjeg.

Pored mnogih predaka vere mi nailazimo u Bibliji, pored onih što su u našoj okolini, da postoje mnogi ljudi koji su dobili spasenje i blagoslove sa svojom verom u našeg Gospoda.

Kao „tolika gomila svedoka," dozvolite nam da posedujemo iskrenu veru! Dozvolite nam da odbacimo sve što nas ometa i greh koji se lako upliće i da se borimo da ličimo na našeg Gospoda. Samo onda, baš kao što je Isus obećao u Jevanđelju po Jovanu 15:7: „Ako ostanete u Meni i reči Moje u vama ostanu, šta god hoćete ištite, i biće vam" svako od vas će da vodi život koji je ispunjen sa Njegovim odgovorima i blagoslovima.

Ako vi još ne vodite takav život, pogledajte unazad na svoj život, rastrgnite vaše srce i pokajte se što niste pravilno verovali u Gospoda i rešite da živite samo po reči Božjoj.

Da svako od vas poseduje iskrenu veru, iskusi Božju moć i uveliko slavi Njega sa svim vašim odgovorima i blagoslovima, u ime našeg Gospoda Isusa Hrista ja se molim!

Poruka 3

Posuda mnogo lepša od dragog kamena

2. Timotiju Poslanica 2:20-21

A u velikom domu
nisu sudi samo zlatni i srebrni,
nego i drveni i zemljani:
i jedni za čast, a jedni za sramotu.
Ako dakle ko očisti sebe od ovog, biće sud za čast,
osvećen, i potreban Domaćinu,
pripravljen za svako dobro delo

Bog je stvorio čovečanstvo kako bi On mogao da požanje iskrenu decu sa kojom će On deliti iskrenu ljubav. Ipak, ljudi su zgrešili, išli su stranputicom od prave namere njihove kreacije i postali su robovi neprijatelja đavola i Sotone (Poslanica Rimljanima 3:23). Bog ljubavi međutim, nije odustao od cilja žetve iskrene dece. On je otvorio put spasenja za pronađene ljude u sredini greha. Bog je imao jednog i jedinog Sina Isusa razapetog na krstu kako bi On mogao da otkupi sve ljude od grehova.

Sa ovom neverovatnom ljubavlju praćenu velikim žrtvovanjem, za svakoga ko veruje u Isusa Hrista, put spasenja je otvoren. Svako ko veruje u svom srcu da je Isus umro i izdigao se iz groba i priznaje sa njegovim usnama da je Isus Spasitelj, pravo kao dete Božje je dato.

Božja voljena deca opisana kao „posuda"

Kao što u 2. Timotiju Poslanici 2:20-21 čitamo: „A u velikom domu nisu sudi samo zlatni i srebrni, nego i drveni i zemljani: i jedni za čast, a jedni za sramotu. Ako dakle ko očisti sebe od ovog, biće sud za čast, osvećen, i potreban domaćinu, pripravljen za svako dobro delo," namena posude je da sadrži predmete. Bog opisuje Njegovu decu kao „posudu" zato što u njima On može da ispuni Njegovu ljubav i milost i Njegovu reč koja je istina a takođe i Njegovu moć i vlast. Prema tome, mi moramo da razumemo da u zavisnosti kakvu smo posudu mi pripremili, mi možemo da uživamo u svim vrstama dobrih darova i blagoslova koje je Bog pripremio za nas.

Koja vrsta posude je onda pojedinac koji može da sadrži sve blagoslove koje je Bog pripremio? To je posuda koju Bog smatra dragocenom, plemenitom i lepom.

Prvo, „dragocena" posuda je onaj koji u potpunosti ispunjava njegove Bogom date dužnosti. Jovan Krstitelj koji je pripremio put za našeg Gospoda Isusa i Mojsije koji je poveo Izraelce iz Egipta, pripadaju ovoj kategoriji.

Sledeće, „plemenita" posuda je onaj sa takvim kvalitetima kao što su poštenje, iskrenost, odvažnost i vernost, sve ono što je retkost među običnim ljudima. Josif i Danilo, obojica koji su održavali pozicije i imali jednake premijerima moćnih zemalja i veoma slavili Boga, pripadaju ovoj kategoriji.

Na kraju, „lepa" posuda ispred Boga je onaj sa dobrim srcem koji se nikada ne raspravlja ili prepire već u istini prihvata i toleriše sve stvari. Jestira koja je spasila njene zemljake i Avram koji je bio nazvan Božjim „prijateljem" pripadaju ovoj kategoriji.

„Posuda mnogo lepša od dragog kamena" je pojedinac koji poseduje kvalifikacije da bude cenjen kao dragocen, plemenit i lep od Boga. Dragulj sakriven u šljunku je odmah uočljiv. Slično tome, svi Božji ljudi koji su mnogo lepši od dragulja su bez sumnje uočljivi.

Većina dragulja je skupa zbog njihove veličine, ali sjaj i njihova različitost i ipak karakteristične boje privlače ljude u potrazi za lepotom. Međutim, ne smatraju se svi sjajni kameni draguljem. Pravi nakit mora takođe da poseduje nijanse i sjaj kao i fizičku čvrstinu. Ovde „fizička čvrstina" se odnosi na materijalnu toplotu, da nije u kontaktu sa drugim supstancama i da zadrži svoj oblik. Drugi važan faktor je retkost.

Da postoji posuda prekrasne sjajnosti, fizičke čvrstine i retka, koliko dragocena, plemenita i lepa bi bila ta posuda? Bog želi da Njegova deca postanu posude mnogo lepše od dragulja i želi da vode blagoslovene živote. Kada Bog otkrije takvu posudu, On obilno u nju uliva znakove Njegove ljubavi i zadovoljstvo.

Kako mi možemo da postanemo posuda mnogo lepša od dragulja iz Božjeg pogleda?

Prvo mi morate da postignete posvećenost u srcu sa reči Božjom, koja je sama istina.

Kako bi posuda bila korišćena u skladu sa njenom pravom namerom, iznad svega ona mora biti čista. Čak i najskuplja, zlatna posuda ne može biti iskorišćena ako je izmazana i ako je primetan miris. Samo onda kada je ova skupa, zlatna posuda očišćena u vodi, može biti iskorišćena u njenoj nameri.

Isti princip je predstavljen sa Božjom decom. Za Njegovu decu, Bog je pripremio obilne blagoslove i različite darove, blagoslove bogatstva, zdravlja i slično tome. Kako bi mi dobili takve blagoslove i darove, mi moramo najpre da pripremimo sebe kao čiste posude.

Mi nailazimo u Jeremiji 17:9: „Srce je prevarno više svega i opako; ko će ga poznati?" Mi takođe nalazimo u Jevanđelju po Mateju 15:18-19, u kome Isus kaže: „A šta izlazi iz usta iz srca izlazi, i ono pogani čoveka. Jer od srca izlaze zle misli, ubistva, preljube, kurvarstva, krađe, lažna svedočanstva, hule na Boga." Prema tome, samo nakon što očistimo naša srca mi možemo da postanemo čiste posude. Odmah sa čistom posudom, niko od nas neće ikada misliti „zle misli," izgovoriti zle reči ili izvesti loša dela.

Čišćenje naših srca je moguće samo sa duhovnom vodom, reči Božjom. Zbog toga nam On naređuje u Poslanici Efežanima 5:26: „da je osveti [nas] očistivši je [nas] kupanjem vodenim u reči," i u Poslanici Jevrejima 10:22 On ohrabruje svakog od nas da: „Da pristupamo s istinim srcem u punoj veri, očišćeni u srcima od zle savesti, i umiveni po telu vodom čistom."

Kako nas onda duhovna voda - reč Božja- čisti? Mi moramo

da se povinujemo različitim zapovestima nađenim u šezdeset i šest knjiga Biblije koja služe „čišćenju" srca. Povinovanjem ovim zapovestima kao što je: „Ne čini" i „Odbaci" će nas na kraju povesti da izbacimo iz nas sve što je grešno i zlo.

Ponašanje onih koji su pročistili svoja srca sa Njegovom reči će se takođe promeniti i osvetliće Hristovu svetlost. Međutim, povinovati se reči ne može biti ispunjeno samo sa nečijom sopstvenom snagom ili jakom željom; Sveti Duh mora da ga vodi i da mu pomogne.

Kada mi čujemo i razumemo Reč, otvorimo naša srca i prihvatimo Isusa kao našeg Spasitelja, Bog nam daje Svetog Duha kao dar. Sveti Duh boravi u ljudima koji su prihvatili Isusa kao njihovog Spasitelja i pomaže im da čuju i razumeju reč istine. Sveto pismo nam govori da: „Šta je rođeno od mesa, meso je; a šta je rođeno od Duha, duh je"(Jevanđelje po Jovanu 3:6). Deca Božja koja dobijaju Svetog Duha kao dar mogu da se otarase od greha svakog dana uz moć Svetog Duha i postanu duhovni ljudi.

Je li neko od vas uznemiren i zabrinut, misleći: „Kako ću ja da održavam sve ove zapovesti?"

1. Jovanova Poslanica 5:2-3 nas podseća: „I po tom razumemo da Ga poznasmo, ako zapovesti Njegove držimo. Jer je ovo ljubav Božija da zapovesti Njegove držimo; i zapovesti Njegove nisu teške." Ako vi volite Boga iz dubine vašeg srca, povinovanje Njegovim zapovestima ne bi trebalo da bude teško.

Kada roditelji rađaju njihovu decu, roditelji gledaju na svaki aspekat njihovog deteta, uključujući hranjenje, oblačenje, kupanje i slično tome. Sa jedne strane, ako roditelji paze na dete koje nije njihovo, ono će se možda osećati nelagodno. Sa druge strane, ako roditelji paze na sopstveno dete, ono nikada neće osetiti nelagodnost. Čak i ako se dete probudi i plače u sred noći, roditelji se ne osećaju dosadno; oni jednostavno vole mnogo svoje dete. Raditi nešto za one voljene je izvor velike radosti i sreće; i to nije teško ili iritirajuće. Na isti način, ako mi iskreno verujemo da je Bog Otac našeg duha i da je u Njegovoj neizmernoj ljubavi On dao Njegovog jednog i jedinog Sina da bude razapet na krstu za nas, kako mi možemo da ga ne volimo? Šta više, ako mi volimo Boga, živimo po Njegovoj reči to neće biti teško. Umesto toga, biće teško i bolno kada mi ne živimo po

Božjoj reči ili kada se ne povinujemo Njegovoj volji.

Ja sam patio od raznih bolesti sedam godina sve dok me starija sestra nije odvela u Božji hram. Kroz dobijanje vatre Svetog Duha i isceljenje od svih mojih bolesti u momentu ja sam kleknuo dole u hramu i sreo sam živog Boga. Ovo je bilo aprila 17., 1974. godine. Od tog vremena, počeo sam da posećujem sve vrste službe bogosluženja u punoj zahvalnosti u Božjoj milosti. U novembru te godine, ja sam posetio prvu službu preporoda na kojoj sam počeo da učim Njegovu Reč, osnovu života jedinke u Hristu:

„Oh, ovako izgleda Bog!"
„Ja moram da odbacim sve moje grehove."
„Ovo se događa kada ja verujem!"
„Moram da prestanem da pušim i pijem."
„Počeću učestalo da se molim."
„Davanje desetka je obavezno,
i ja neću doći ispred Boga praznih ruku."

Cele nedelje, ja sam dobio reč samo „Amin" u mom srcu.

Autor dr. Džerok Li (dr. Jaerock Lee)

Posle te službe preporoda, ja sam prestao da pušim i pijem i počeo sam da dajem desetak i žrtve zahvalnosti. Ja sam takođe počeo i da se molim i ubrzo sam postao čovek od molitve. Radio sam upravo onako kako sam učio i počeo sam takođe i da čitam Bibliju.

Ja sam bio isceljen od svih mojih bolesti i slabosti, koju ni jednu nisam mogao da izlečim bilo kojim svetskim sredstvima, a u trenu sa moći Božjom. Prema tome, ja u potpunosti mogu da verujem u svaki stih i poglavlje Biblije. Još kada sam bio početnik u veri u to vreme, postojali su neki delovi Svetog Pisma koje nisam mogao lako da shvatim. Ipak, zapovesti sam ja mogao da razumem i odmah sam im se povinovao. Na primer, kada mi je Biblija govorila da ne lažem, ja sam zauzvrat tome govorio: „Laž je greh! Biblija mi je govorila da ne smem da lažem, tako da ja neću lagati." Ja sam se takođe molio: „Bože, molim te pomozi mi da odbacim nenamerno laganje!" To nije bilo da sam ja prevario ljude sa zlim srcem, ali sam čak uporno molio da mogu da se zaustavim čak i u nenamernom laganju.

Mnogi ljudi lažu i većina njih i ne shvata da lažu. Kada neko, sa kim vi ne želite da razgovarate telefonom, pozove, niste li čak ravnodušno rekli vašoj deci, saradnicima ili prijateljima: „Reci mu da nisam ovde?" Mnogi ljudi lažu zato što su „pažljiviji" od drugih. Takvi ljudi lažu kada su na primer upitani da li žele nešto da pojedu ili popiju kada su u poseti drugima. Čak iako nisu jeli ili su žedni, gost koji ne želi da bude „težak" često kaže njegovom domaćinu: „Ne, hvala. Uzeo sam nešto da pojedem (ili popijem) pre nego što sam došao ovde." Međutim, čak i kada sam shvatio da je laž čak i sa dobrom namerom ipak laž, ja sam se stalno molio da odbacim laganje i na kraju ja sam mogao čak i da odbacim i nenamerno laganje.

Šta više, napravio sam spisak svega što je zlo i grešno i što sam trebao da odbacim i molio sam se. Samo onda kada sam bio ubeđen da sam zasigurno odbacio one zle i grešne navike ili dela jedno za drugim, tu stavku sam prešarao crvenom olovkom. Ako je postojalo nešto zlobno i grešno što nisam mogao lako da odbacim nakon određene molitve, ja sam počinjao da postim bez odlaganja. Ako ja nisam mogao da uspem posle tri dana posta, produžio bi post na pet dana. Ako sam ponavljao isti greh, onda bi počeo sa postom od sedam dana. Međutim, retko sad držao post od nedelju dana; nakon tri dana posta, ja sam mogao da odbacim većinu grehova i zla. Koliko god sam odbacivao zlo kroz ponavljanje takvog procesa, ja sam postajao sve čistija posuda.

Tri godine kasnije nakon što sam sreo Gospoda, ja sam odbacio sve što je bilo nepokorno prema reči Božjoj i mogao sam da budem cenjen kao čista posuda iz Njegovog pogleda. Pored toga, pošto sam se svesno i marljivo pridržavao zapovesti, uključujući: „Čini" i „Pridržavaj se," ja sam mogao da živim po Njegovoj reči u vrlo kratkom periodu vremena. Kako sam se preobratio u čistu posudu, Bog me je obilno blagoslovio. Moja porodica je dobila blagoslov zdravlja. Ja sam mogao ubrzo da vratim sve dugove. Dobio sam blagoslov i fizički i duhovan. Ovo je zato što nas Biblija uverava kao što sledi: „Ljubazni, ako nam srce naše ne zazire, slobodu imamo pred Bogom; i šta god zaištemo, primićemo od Njega, jer zapovesti Njegove držimo i činimo šta je Njemu ugodno" (1. Poslanica Jovanova 3:21-22).

Drugo, kako bi postali posuda mnogo lepša od dragulja, vi morate biti „pročišćeni vatrom" i da osvetlite duhovnu svetlost.

Skupo drago kamenje na prstenju i ogrlicama nekada je bilo nečisto. Međutim, njih su pročistili juveliri i počeli su da odaju briljantnu svetlost i da imaju predivan oblik.

Baš kao što ovi juveliri seku, poliraju i pročišćavaju vatrom ovo drago kamenje i pretvaraju ih u prelepe oblike sa velikom pohlepom, Bog disciplinuje Njegovu decu. Bog ih disciplinuje ne zbog njihovih grehova, već da kroz disciplinu On može fizički i duhovno da ih blagoslovi. U očima Njegove dece koja nisu grešila ili počinila ništa loše, možda će izgledati da oni mora da izdrže bol i patnju iskušenja. Ovo je proces kroz koji Bog uvežbava i disciplinuje Njegovu decu tako da bi oni mogli da sjaje mnogo lepšim bojama i pohlepom. 1. Petrova Poslanica 2:19, nas podseća: „Jer je ovo ugodno pred Bogom ako Boga radi podnese ko žalosti, stradajući na pravdi." Mi takođe čitamo: „da se kušanje vaše vere mnogo vrednije od zlata propadljivog koje se kuša ognjem nađe na hvalu i čast i slavu, kad se pokaže Isus Hristos" (1. Petrova Poslanica 1:7).

Čak iako su deca Božja već odbacila sve vrste zla i postali su pročišćene posude, u vreme Njegovog odabira, Bog im dozvoljava da budu disciplinovani i tako pokušava da bi oni mogli da izađu napred kao posude mnogo lepše nego dragulji. Kao što nam druga polovina 1. Jovanove Poslanice 1:5 govori: „Bog je videlo, i tame u Njemu nema nikakve," Bog je veličanstvena sama svetlost bez mrlja ili mana, On vodi Njegovu decu do istog nivoa svetlosti.

Prema tome, kada vi prevaziđete bilo koje iskušenje koje je Bog dozvolio u dobroti i ljubavi, vi ćete postati mnogo svetlija i lepša posuda. Nivo duhovne vlasti se razlikuje u skladu sa sjajem duhovnog svetla. Osim toga, kada duhovna svetlost svetli, neprijatelj đavo i Sotona nemaju mesta gde da stoje.

U Jevanđelju po Marku 9 je scena u kojoj Isus isteruje zle duhove iz dečaka čiji je otac preklinjao Isusa da isceli njegovog sina. Isus je prekorio zle duhove. „Duše nemi i gluvi, Ja ti zapovedam, izađi iz njega i više ne ulazi u njega" (stih 25). Zli duh napustio je dečaka, koji je postao opet zvuk. Pre ove scene je još jedna epizoda u kojoj je otac doveo njegovog sina do Isusovih učenika, koji nisu mogli da isteraju zlog duha. To je zato što se nivo duhovne svetlosti učenika i nivo Isusove duhovne svetlosti razlikuje.

Šta onda mi moramo da uradimo da uđemo u nivo Isusove duhovne svetlosti? Mi možemo da budemo pobednici u bilo kojim iskušenjima sa čvrstim verovanjem u Boga, da prevaziđemo zlo sa dobrim i da čak volimo naše neprijatelje. Shodno tome, jednom kada vaša dobrota, ljubav i pravednost budu smatrane iskrenim baš kao i Isus, vi možete da isterate zle duhove i da iscelite bilo koju bolest ili slabost.

Blagoslovi za posude mnogo lepše nego dragulji

Kao što sam hodao stazama vere tokom godina, ja sam takođe i izdržao u mnogim iskušenjima. Na primer, na optužbe u televizijskom programu pre nekoliko godina, ja sam izdržao iskušenja koja su bila toliko bolna i teška kao smrt. Kao posledica, ljudi koji su dobili milost kroz mene i mnogi drugi koje sam dugo smatrao bliskim kao porodicu su me izdali.

Svetovnim ljudima, ja sam postao predmet nesloge i meta srama, dok su članovi Manmina patili i bivali su pogrešno optuživani. Bez obzira na to, članovi Manmina i ja smo prevazišli to iskušenje sa dobrotom i kako smo sve predali Bogu, mi smo preklinjali Boga ljubavi i milosti da im oprosti.

Šta više, ja nisam mrzeo one koji su napustili i učinili stvari teškim za crkvu. U sredini ovog mračnog iskušenja, ja sam predano verovao da me je Otac Bog voleo. Tako sam ja mogao da se suočim čak i sa onima koji su činili loše samo sa dobrotom i ljubavlju. Kao što student dobija priznanje za njegov naporan rad i zasluge kroz ispite, jednom je moja vera, dobrota, ljubav i pravednost dobila Božje priznanje, On me je blagoslovio da izvodim i manifestujem Njegovu moć u velikoj meri.

Posle iskušenja, On je otvorio vrata kroz koja ću ja da ispunim svetsku misiju. Bog je tako činio da desetine hiljada, stotine hiljada i čak i milioni ljudi se okupilo na prekomorskim pohodima koje koji sam ja predvodio i On je bio sa mnom sa Njegovom moći koja je prevazilazila vreme i prostor.

Duhovna svetlost sa kojom nas Bog okružuje je mnogo

svetlija i lepša od bilo kog dragog kamena na ovom svetu. Bog smatra one Njegovom decom koje okružuje sa duhovnom svetlošću da postanu posude mnogo lepše od dragulja.

Prema tome, da svako od vas brzo ispuni pročišćavanje i postane posuda koja svetli ispitno-dokazanim duhovnim svetlom i da je mnogo lepši od dragulja tako da možete da dobijete sve što potražite i vodite blagosloveni život, u ime našeg Gospoda Isusa Hrista ja se molim!

Poruka 4

Svetlost

1. Jovanova Poslanica 1:5

I ovo je obećanje
koje čusmo od Njega
i javljamo vama,
da je Bog videlo,
i tame u Njemu nema nikakve.

Postoje mnogo vrsta svetlosti i u svakoj od njih je po sebi sopstvena čudesna sposobnost. Iznad svega, ona osvetljava tamu, daje toplinu i ubija štetne bakterije ili gljivice. Sa svetlom, biljke mogu da se održe u životu kroz fotosintezu.

Međutim, postoji fizička svetlost koju možemo da vidimo golim okom i dodirnemo je i duhovna svetlost koju ne možemo da vidimo i dodirnemo. Baš kao što fizička svetlost ima mnogo sposobnosti, u duhovnoj svetlosti je neizmerivi broj sposobnosti. Kada u toku noći svetlost sija, tama odmah nestaje.

Na isti način, kada duhovna svetlost sija u našim životima, duhovna tama će brzo nestati dok hodamo u Božjoj ljubavi i milosti. Pošto je duhovna tama koren bolesti i problemima kod kuće, na poslu i u odnosima, mi ne možemo da pronađemo pravu utehu. Međutim, kada duhovna svetlost zasija u našim životima, problemi koji su van granica ljudskog znanja i sposobnost mogu biti rešene i svim našim željama će biti odgovoreno.

Duhovna svetlost

Šta je duhovna svetlost i kako ona deluje? Mi nailazimo u drugoj polovini 1. Jovanove Poslanice 1:5: „Da je Bog videlo, i tame u Njemu nema nikakve," i u Jevanđelju po Jovanu 1:1: „i Bog beše Reč." Sve u svemu, „svetlost" se ne odnosi samo na Samog Boga već takođe i na Njegovu reč koja je istina, dobrota i ljubav. Pre stvaranja svih stvari, u prostranom univerzumu Bog je postojao sam i nije preuzeo nikakav oblik. Kao zajednicu svetlosti i zvuka, Bog je sjedinio ceo univerzum. Brilijantna, veličanstvena i prelepa svetlost okružila je celi univerzum i iz te svetlosti je izašao elegantan, jasan i nadmen glas.

GBog koji je postojao kao svetlost i zvuk dizajnirao je proviđenje o kultivaciji čovečanstva da bi požnjeo iskrenu decu. Onda je On stavio jedan oblik, odvojio je Sebe u Trojstvo i po Njegovom liku je stvorio čovečanstvo. Međutim, suština Božja je još uvek svetlost i zvuk i On i dalje čini po svetlosti i zvuku. Čak iako je On u tom obliku ljudskog bića, u obliku su svetlost i zvuk Njegove beskonačne moći.

Pored Božje moći, postoje i drugi elementi istine, uključujući ljubav i dobrotu u ovom duhovnom svetlu. Šezdeset i šest knjiga Biblije je zbirka istine duhovne svetlosti izgovorene u zvuku. Drugim rečima, „svetlost" se odnosi na sve zapovesti i stihove u Bibliji u odnosu na dobrotu, pravednost i ljubav, uključujući: „Volite jedan drugoga," „Neprestano se molite," „Održavajte Sabat," „Povinujte se Deset zapovestima i slično tome."

Hodajte u svetlosti kako bi sreli Boga

Dok Bog vlada nad svetom svetlosti, neprijatelj đavo i Sotona vladaju nad svetom tame. Šta više, pošto se neprijatelj đavo i Sotona suprotstavljaju Bogu, ljudi koji žive u svetu tame ne mogu da sretnu Boga. Prema tome, da bi sreli Boga, da vaši različiti životni problemi budu rešeni, vi morate brzo da izađete iz sveta tame i da uđete u svet svetlosti.

U Bibliji mi nailazimo na zapovest: „Čini." Ovo uključuje: „Volite jedan drugoga," „Služite drugima," „Molite se," „Budite zahvalni" i slično tome. Takođe postoje zapovesti: „Održavaj," koje uključuju: „Održavaj Sabat," „Održavaj Deset Zapovesti,"

„Održavaj Božje Zapovesti" i slično tome. Onda postoje mnogo zapovesti: „Ne," koje uključuju: „Ne laži," „Ne mrzi," „Ne traži sopstvenu korist," „Ne služi idolima," „Ne kradi," „Ne budi ljubomoran," „Ne mrzi," „Ne ogovaraj" i slično tome. Postoje takođe zapovesti: „Odbaci" koje uključuju: „Odbaci sve vrste zla," „Odbaci ljutnju i ljubomoru," „Odbaci pohlepu" i slično tome.

Sa jedne strane, povinovanjem ovim zapovestima Božjim je živeti u svetlosti, ličiti na našeg Gospoda i ličiti na našeg Oca Boga. Sa druge strane, ako ne radite onako kako vam je Bog rekao, ako ne održavate ono što vam je On rekao da održavate, ako činite ono što je On rekao da ne činite i ako ne odbacite ono što vam je On rekao da odbacite vi ćete nastaviti da boravite u tami. Prema tome, zapamtite da ne povinovanje reči Božjoj znači da smo mi u svetu tame kojim vlada neprijatelj đavo i Sotona, mi moramo uvek da živimo po Njegovoj reči i da hodamo u svetlu.

Zajednica sa Bogom kada hodamo u svetlosti

Kao što nam prva polovina 1. Jovanove Poslanice 1:7 govori: „Ako li u videlu hodimo, kao što je On sam u videlu, imamo zajednicu jedan s drugim," samo kada mi hodamo i boravimo u svetlosti za nas može da se kaže da smo u zajednici sa Bogom.

Baš kao što postoji zajednica između oca i njegove dece, mi takođe moramo da imamo zajednicu sa Bogom, Ocem našeg duha. Međutim, kako bi učvrstili i zadržali tu zajednicu sa Njime, mi moramo da ispunimo jedan zahtev: da odbacimo greh dok hodamo u svetlosti. Zbog toga: „Ako kažemo da imamo zajednicu s Njim a u tami hodimo, lažemo i ne tvorimo istine" (1. Jovanova Poslanica 1:6).

„Zajednica" nije jednostrana. Samo zato što nekoga poznajete, to ne znači da imate zajednicu sa tom osobom. Samo kada obe strane postanu dovoljno bliske da znaju istinu, da zavise jedna od druge i razgovaraju jedna sa drugom, može biti „zajednica" između obe strane.

Na primer, većina vas zna kralja ili predsednika vaše zemlje. Bez obzira koliko dobro znate ili poznajete predsednika ako on vas ne poznaje, tu ne postoji zajednica između vas i predsednika. Šta više, u zajednici postoje različite dubine u odnosu na nju. Vas dvojica možete biti samo poznanici; vas dvojica možete biti malo bliži da bi pitali jedan drugoga kako vam ide s vremena na vreme; vas dvojica možete imati intimniji odnos da podelite čak i najdublje tajne.

Ovo je isto i sa zajednicom sa Bogom. Da bi naša zajednica sa Njim bila iskrena zajednica, Bog mora da nas poznaje i da nas prizna. Ako mi imamo duboku zajednicu sa Njim, mi nećemo biti bolesni ili slabi i neće postojati ništa za šta nećemo dobiti odgovore. Bog želi da da Njegovoj deci samo najbolje i govori nam u Knjizi Ponovljenih Zakona 28 da kada se mi u potpunosti povinujemo našem Bogu i pažljivo pratimo sve Njegove Zapovesti, mi ćemo biti blagosloveni kada uđemo i blagosloveni kada izađemo; mi ćemo davati ali nećemo pozajmljivati od nikoga; i mi ćemo biti glava a ne rep.

Očevi vere koji su imali iskrenu zajednicu sa Bogom

Koju vrstu zajednice je David, koga je Bog smatrao: „čoveka po srcu Mom“ (Dela Apostolska 13:22), imao sa Njim? David je voleo, plašio se i zavisio je u potpunosti od Boga u svakom vremenu. Kada je on bežao od Saula ili išao u bitku, kao dete koje bi pitalo jednog pa drugog roditelja šta da uradi, David je uvek pitao: „Šta da uradim? Gde da idem?" i uradio je kako mu je Bog zapovedio. Šta više, Bog je uvek dao Davidu nežne i detaljne odgovore i kako je Bog radio kako mu je Bog rekao on je mogao da dostigne pobedu za pobedom (2. Samuelova 5:19-25).

David je mogao da uživa u prelepoj zajednici sa Bogom zato što, sa njegovom verom, David je udovoljavao Bogu. Na primer, u ranijoj vladavini kralja Saula, Filistejci su napali Izrael. Filistejci su bili vođeni Golijatom, koji je ismevao Izraelske trupe i hulilo i prkosio Božjem imenu. Ipak, niko iz Izraelskog kampa nije se usudio da izazove Golijata. U to vreme, čak iako je bio mlad čovek, David se suočio sa Golijatom nenaoružan i samo sa pet glatkih kamena iz potoka zato što je verovao u svemogućeg Boga Izraela da je bitka pripadala Bogu (1. Samuelova 17). Bog je tako radio tako da bi Davidov kamen pogodio Golijatovo čelo. Nako što je Golijat umro, plima se okrenula i Izrael je dostigao totalnu pobedu.

Zbog ove čvrste vere, David je bio smatran za: „čoveka po

srcu Mom" od Boga i kao što će otac i sin sa bliskom zajednicom diskutovati o svakoj stvari, David je mogao da ispuni sve stvari sa Bogom na njegovoj strani.

Biblija nam takođe govori da je Bog govorio sa Mojsijem licem u lice. Na primer, kada je Mojsije smelo tražio od Boga da pokaže Njegovo lice, Bog je nestrpljivo želeo da mu da sve što je potražio (Izlazak 33:18). Kako je Mojsije mogao da imao blisku zajednicu sa Bogom?

Odmah nakon što je Mojsije poveo Izraelce van Egipta, on je postio i komunicirao je sa Bogom četrdeset dana na vrhu planine Sinaj. Kada se odužio Mojsijev povratak, Izraelci su napravili idola kome su mogli da služe. Nakon što je video ovo, Bog je rekao Mojsiju da će On uništiti sve Izraelce i da će od Mojsija napraviti veliku naciju (Izlazak 32:10).

Na ovo, mojsije je molio Boga: „Povrati se od gneva svog, i požali narod svoj oda zla" (Izlazak 32:12). Sledećeg dana, on je molio opet Boga: „Molim Ti se, narod ovaj ljuto sagreši načinivši sebi bogove od zlata. Ali sada, ako Ti hoćeš, oprosti im greh: Ako li nećeš, izbriši me iz knjige Svoje, koju si Ti napisao!"

(Izlazak 32:31-32) Koliko su neverovatne i iskrene molitve ljubavi ovo bile!

Šta više, mi nailazimo u Brojevima 12:3: „A Mojsije beše čovek vrlo krotak mimo sve ljude na zemlji." U Brojevima 12:7, čitamo: „Ali nije takav Moj sluga Mojsije, koji je veran u svem domu Mom." Sa ovim velikim i krotkim srcem, Mojsije je mogao da bude veran u celoj Božjoj kući da uživa u bliskoj zajednici sa Bogom.

Blagoslovi za ljude koji hodaju u svetlosti

Isus, koji je došao na ovu zemlju kao svetlo zemlje, učio je samo o istini i jevanđelju neba. Ljudi u delima tame koji pripadaju neprijatelju đavolu, međutim ne mogu da razumeju svetlo čak i kada je objašnjeno. U njihovom protivljenju, ljudi u svetu tame ne mogu da prihvate svetlost niti da prime spasenje već umesto toga odlaze na put uništenja.

Ljudi dobrih srca dolaze do toga da vide svoje grehove, pokajaće se u njima i dostići će spasenje kroz svetlost istine.

Prateći želje Svetog Duha, oni takođe rađaju duh u svakodnevnim osnovama i hodaju u svetlosti. Nedostatak mudrosti ili sposobnost u njihovoj ulozi nije više problem. Oni će učvrstiti komunikaciju sa Bogom koji je svetlost i dobiće glas i nadgledanje Svetog Duha. Onda će sve ići na bolje sa njima i oni će dobiti mudrost sa neba. Čak iako oni imaju probleme koji se pletu kao paukova mreža, ništa ih ne može odvratiti od rešavanje problema i ne postoji prepreka koja će im blokirati put zato što će ih Sveti Duh lično učiti na svakom koraku puta.

Baš kao što nam 1. Korinćanima Poslanica 3:18 naređuje: „Niko neka se ne vara. Ako ko među vama misli da je mudar na ovom svetu, neka bude lud da bude mudar," mi moramo da razumemo da je ispred Bogom svetska mudrost budalasta.

Šta više, kao što nam Jakovljeva Poslanica 3:17 govori: „A koja je premudrost odozgo ona je najpre čista, a potom mirna, krotka, pokorna, puna milosti i dobrih plodova, bez hatera, i nelicemerna." Kada mi ispunimo pročišćavanje i idemo u svetlost, mudrost sa neba će pasti na nas. Kada mi hodamo u svetlosti, mi ćemo takođe dostići nivo u kojem ćemo biti srećni čak i kada nam nešto nedostaje i nećemo osetiti da nam nešto nedostaje čak i kada nam zaista nešto fali.

Apostol Pavle priznaje u Poslanici Filipljanima 4:11: „Ne govorim zbog nedostatka, jer se ja navikoh biti dovoljan onim u čemu sam." Na isti način, ako mi hodamo u svetlosti mi ćemo ispuniti Božji mir i taj mir i radost će izvirati i prelivati iz nas. Ljudi koji stvaraju mir se neće raspravljati i neće biti neprijateljski naklonjeni prema svojoj porodici. Umesto toga, kako ljubav i milost preliva njihova srca, priznanja o zahvalnosti neće nestati sa njihovih usana.

Šta više, kada mi hodamo u svetlosti i ličimo na Boga koliko god možemo, kao što nam On govori u 3. Jovanovoj Poslanici 1:2: „Ljubazni! Molim se Bogu da ti u svemu bude dobro, i da budeš zdrav, kao što je tvojoj duši dobro," mi ćemo zaista dobiti ne samo blagoslove napretka u svemu već takođe i vlast, sposobnost i moć Boga koji je svetlost.

Nakon što je Pavle sreo Gospoda i hodao u svetlosti, Bog mu je omogućio da može da manifestuje zapanjujuću moć kao apostol nejevrejima. Čak iako Stefan i Filip nisu bili proroci ili jedni od Isusovih učenika, Bog je opet činio velika dela kroz njih.

U Delima Apostolskim 6:8 mi nailazimo: „A Stefan pun vere i sile činjaše znake i čudesa velika među ljudima." U Delima Apostolskim 8:6-7 mi takođe nalazimo: „A narod pažaše jednodušno na ono što govoraše Filip, slušajući i gledajući znake koje činjaše. Jer duhovi nečisti s velikom vikom izlažahu iz mnogih u kojima behu, i mnogi uzeti i hromi ozdraviše."

Jedan može da manifestuje moć Božju do mere da je postao posvećen hodanjem u svetlosti i da liči na Gospoda. Postojalo je nekoliko ljudi koji su manifestovali moć Božju. Ipak, čak i među onima koji su mogli da manifestuju Njegovu moć, jačina manifestovanja se razlikovala od jednog do drugoga u skladu sa tim koliko je svaka osoba ličila na Boga koji je svetlost.

Da li ja živim u svetlosti?

Da bi dobili neverovatne blagoslove poverene onima koji hodaju u svetlosti, svako od nas najpre treba da preispita sebe: „Da li ja živim u svetlosti?"

Čak iako vi nemate određen problem(e), vi bi trebali da

ispitate sebe da vidite da li ste živeli „mlakim" životom u Hristu, ili niste čuli i niste bili vođeni Svetim Duhom. Ako je tako, vi morate da se probudite iz duhovnog dremanja.

Ako ste vi odbacili neki stepen i količinu zlobe, vi ne treba da budete zadovoljni; kao što dete sazreva u odraslu osobu, vi takođe morate da dostignete veru očeva. Vi bi trebali da imate komunikaciju velikih dubina sa Bogom kao i takođe i blisku zajednicu sa Njim.

Ako vi trčite ka posvećenju, vi morate da otkrijete čak i najsitniji deo zlobe i da ga iščupate. Što više vlasti imate time ćete postajati glavniji, vi uvek morate da najpre služite drugima i da tražite interese drugih. Kada drugi, uključujući i one koji su manji od vas ukazuju na vaše nedostatke, vi morate da uspete da se ne obazirete na to. Umesto da se osećate ozlojeđeno ili nelagodno i da otuđujete one koji idu stranputicom od puta čoveka i čine zlo, u ljubavi i dobroti vi morate da uspete da ih tolerišete i da ih dirljivo dotaknete. Vi ne smete da zamerate i ne smete nikoga da gledate sa prezirom. Niti bi trebali da zanemariti druge u sopstvenoj pravednosti ili da uništite mir.

Ja sam pokazivao i davao sam više ljubavi mlađima,

siromašnijima i slabijim ljudima. Kao roditelji koji brinu o svojoj slabijoj ili bolesnijoj deci više nego o zdravijoj, ja sam se molio jače za ljude u takvoj situaciji, nikada ih nisam ni jednom zanemario i pokušao sam da im služim iz sredine moga srca. Oni koji hodaju u svetlosti moraju da imaju saosećanja čak i prema ljudima koji su činili pogrešna dela i da mogu da im oproste i da pokriju njihove greške umesto da ukazuju na njihovu krivicu.

Čak i kada činite Božja dela, vi ne smete da uzdižete ili da ispoljavate vaše sopstvene zasluge ili dostignuća, već da prepoznate napore drugih sa kojima ste radili. Kada je njihov trud priznat i pohvaljen, vi bi trebali da budete srećniji i mnogo više radosniji.

Možete li da zamislite koliko će samo mnogo Bog voleti onu decu čija srca liče na srce Gospoda? Način na koji je On hodao sa Enohom 300 godina, Bog će hodati sa Njegovom decom koja liče na Njega. Šta više, On će njima dati ne samo blagoslove zdravlja i sve što ide dobro u svakom pogledu, već takođe i Njegovu moć sa kojom će ih On iskoristiti kao dobre posude.

Prema tome, čak iako mislite da imate veru i ljubav Boga, da preispitate koliko vere i ljubavi će On prepoznati i da hodate u svetlosti kako bi u vašem životu prelivali dokazi Njegove ljubavi i kako bi imali blisku zajednicu sa Njim, u ime našeg Gospoda Isusa Hrista ja se molim!

Poruka 5

Moć svetlosti

1. Jovanova Poslanica 1:5

I ovo je obećanje
koje čusmo od Njega
i javljamo vama,
da je Bog videlo,
i tame u Njemu nema nikakve.

U Bibliji, postoji mnogo primera u kojima su brojni ljudi primili spasenje, isceljenje i odgovore kroz iznenađujući iskrena dela Božje moći manifestovana od Njegovog Sina Isusa. Kada je Isus zapovedio, sve vrste bolesti su odmah isceljene i slabost je bila ojačana i obnovljena.

Slepi su mogli da vide, mutavi da govore i gluvi su počeli da čuju. Čovek sa ukočenom rukom je izlečen, hromi su počeli da ponovo hodaju i paralizovani su bili isceljeni. Šta više, zli duhovi su izbačeni i mrtvi su oživeli.

Ova iznenađujuća dela Božja su bila manifestovana ne samo od Isusa, već takođe i kroz mnogo proroka za vreme Starog Zaveta i apostola iz vremena Novog Zaveta. Naravno Isusovo manifestovanje Božje moći nije moglo da bude jednako sa prorocima i apostolima. Bez obzira na to, ljudima koji su ličili na Isusa i Samog Boga, On je dao moć i koristio ih je kao Njegovu posudu. Bog koji je svetlost je manifestovao Njegovu moć kroz đakone poput Stefana i Filipa zato što su oni ispunili posvećenje u hodanju u svetlosti i ličili su na Gospoda.

Apostol Pavle je manifestovao veliku moć da je smatran „Bogom"

Između svih osoba iz Novog Zaveta, Pavlovo manifestovanje Božje moći se svrstava kao drugo posle ono od Isusa. On je propovedao jevanđelje nejevrejima, koji nisu znali za Boga, poruke o vlasti koje su praćene znakovima i čudima. Sa ovom vrstom moći, Pavle je mogao da svedoči o Bogu pravom Božanstvu i Isusu Hristu.

Iz činjenice da je služenje idolima i bajanje u tom vremenu bilo rasprostranjeno, mora da su postojali neki ljudi među nejevrejima koji su širili zablude prema drugima. Širenju jevanđelja prema takvim ljudima bila je potrebno i manifestovanje dela Božje moći koja su uveliko prevazilazila lažno bajanje i dela zlih duhova (Poslanica Rimljanima 15:18-19).

Iz Dela Apostolskih 14:8 nadalje je scena u kojoj apostol Pavle propoveda jevanđelje u oblasti zvanoj Listra. Kada je Pavle zapovedio čoveku koji je bio hrom celog života; „Ustani na svoje noge upravo!" čovek je ustao i počeo je da hoda (Dela Apostolska 14:10). Kada su ljudi ovo videli, oni su priznali: „Bogovi načiniše se kao ljudi, i siđoše k nama" (Dela Apostolska 14:11). U Delima Apostolskim 28 je scena u kojoj je apostol Pavle stigao na ostrvo Malta nakon brodoloma. Kada je sakupio gomilu pruća na gomilu i stavio na vatru, otrovna zmija, koja je izašla zbog toplote, skočila je sama u njegovu ruku. Nakon što su videli ovo, ostrvljani su očekivali da će on da otekne ili da će odjednom pasti mrtav, ali kako se ništa nije dogodilo Pavlu, ljudi su rekli da je on bio bog (stih 6).

Pošto je Pavle posedovao srce koje je bilo pravo iz pogleda Božjeg, on je mogao da manifestuje dela Njegove moći čak i je bio smatran od strane ljudi da je „bog."

Moć Božja koji je svetlost

Moć je data ne zbog toga što to neko želi; ona je data onima koji liče na Boga i koji su ispunili posvećenost. Čak i danas, Bog traži ljude kojima će On dati Njegovu moć da je koriste kao posudu slave. Zbog toga Jevanđelje po Marku 16:20 nas podseća: „A oni izađoše i propovedaše svuda, i Gospod ih potpomaga, i reč potvrđiva znacima koji su se potom pokazivali." Isus je takođe rekao u Jevanđelju po Jovanu 4:48: „Ako ne vidite znaka i čudesa, ne verujete."

Vođenje brojnih ljudi ka spasenju zahteva moć sa neba koja može da manifestuje znakove i čuda, a koja zauzvrat svedoči o živom Bogu. U dobu u kojem se greh i zlo naročito razvijaju, znakovi i čuda su sve više traženi.

Kada mi hodamo u svetlosti i postajemo jedni u duhu sa našim Ocem Bogom, mi možemo da manifestujemo jačinu moći koju je manifestovao Isus. Zbog toga je naš Gospod obećao: „Zaista, zaista vam kažem: koji veruje Mene, dela koja Ja tvorim i on će tvoriti, i veća će od ovih tvoriti; jer Ja idem k Ocu Mom" (Jevanđelje po Jovanu 14:12).

Ako neko manifestuje vrstu moći duhovnog kraljevstva koja je moguća samo od Boga, onda on treba da bude priznat od Boga. Kao što nas Psalmi 62:11 podsećaju: „Jednom reče Bog i više puta čuh, da je krepost u Boga," neprijatelj đavo i Sotona ne mogu da manifestuju vrstu moći koja pripada Bogu. Naravno, pošto su oni duhovna bića oni poseduju superiornu moć u obmanjivanju ljudi i primoravaju ih da se suprotstave Bogu. Jedan faktor, međutim, ostaje izvestan: ni jedno drugo biće ne može da imitira moć Boga sa kojom On kontroliše život, smrt, blagoslove, tok i istoriju čovečanstva i stvara nešto od ničega. Moć pripada kraljevstvu Božjem koji je svetlost i može biti manifestovana samo od strane onih koji su ispunili posvećenost i dostigli su meru vere Isusa Hrista.

Razlike između Božje vlasti, sposobnosti i moći

U određivanju ili u odnosu na sposobnost Boga, mnogi ljudi izjednačuju sposobnost, ili sposobnost moći, međutim postoji jasna razlika između ove tri.

„Sposobnost" je moć vere gde je nešto nemoguće za čoveka, moguće za Boga. „Vlast" je uzvišena, dostojanstvena i veličanstvena moć koju je Bog učvrstio i u duhovnom kraljevstvu stanje bezgrešnosti je moć. Drugim rečima, vlast je sama posvećenost i ona posvećena deca Božja koja su temeljno odbacila zlo i neistinu u njihovim srcima mogu da dobiju duhovnu vlast.

Šta je, onda „moć“? To se odnosi na sposobnost i vlast Božju koju On daruje onima koji su izbegli svaku vrstu zla i postali posvećeni.

Uzmite ovo kao primer. Ako vozač ima „sposobnost“ da vozi vozilo, onda saobraćajac koji upravlja saobraćajem ima „vlast“ da isključi bilo koje vozilo. Ova vlast - da isključi i da vrati svako vozilo na put - je data službeniku od strane uprave. Prema tome, čak iako vozač ima „sposobnost“ da vozi vozilo, pošto mu nedostaje „vlast“ službenog saobraćajca, kada saobraćajac kaže vozaču bilo da zaustavi ili da nastavi, vozač mora da obrati pažnju na to.

Na ovaj način, vlast i sposobnost se razlikuju jedna od druge i kada se vlast i sposobnost kombinuju, mi to nazivamo moć. U Jevanđelju po Mateju 10:1, mi nailazimo: „I dozvavši Svojih dvanaest učenika dade im vlast nad duhovima nečistim da ih izgone, i da isceljuju od svake bolesti i svake nemoći.“ Moć podrazumeva obe, „vlast“ da se isteraju zli duhovi i „sposobnost“ da se iscele sve vrste bolesti i slabosti.

Razlika između dara isceljenja i moći

Oni koji nisu upoznati sa Božjom moći koji je svetlost često je izjednačuju sa darom isceljenja. Dar isceljenja u 1. Poslanici Korinćanima 12:9 odnosi se na razvijanje strašnih bolesti nastalih inficiranjem virusa. To ne može izlečiti gluvoću ili nemost zbog propadanja delova tela ili izumiranje nervnih ćelija. Ovakvi slučajevi bolesti ili slabosti mogu biti isceljeni samo uz moć Božju i sa molitvom vere koja Njemu udovoljava. Šta više, kada se moć Božja manifestuje sve vreme, dar isceljenja ne dešava se stalno.

Sa jedne strane, Bog daje dar isceljenja onima, bez obzira na stepen ljudske posvećenosti u srcu, koji vole i koji se mnogo mole za druge i njihove duhove i koje Bog smatra da su korisni i da su dobre posude. Međutim, ako je dar isceljenja korišćen ne za Njegovu slavu već na ne prikladan način i za nečiju sopstvenu korist, Bog će to zasigurno uzeti nazad.

Sa druge strane, moć Božja je data samo onima koji su ispunili posvećenost u srcu; jednom data, ona neće oslabiti ili uvenuti jer primalac je neće koristiti za sopstvenu korist. Umesto toga, što više jedan liči na srce Gospoda, viši nivo moći će mu Bog darovati. Ako srce i ponašanje pojedinca postane jedno sa Gospodom, on može da manifestuje čak i velika dela Božje moći koje je Isus Sam manifestovao.

Postoje razlike u načinima u kojima je Božja moć manifestovana. Dar isceljenja ne može da izleči teške bolesti ili retke bolesti i mnogo je teže za one sa malom verom da budu izlečeni sa darom isceljenja. Međutim, uz moć Božja koji je svetlost, sve je moguće. Kada pacijent pokazuje čak i mali dokaz njegove vere, isceljenje uz moć Božju se odmah događa. Ovde „vera“ se odnosi na duhovnu veru sa kojom jedan veruje iz sredine njegovog srca.

Četiri nivoa moći Božje koji je svetlost

Kroz Isusa Hrista koji je isti i juče i danas, svako ko je smatran kao prikladna posuda iz Božjeg pogleda će manifestovati Njegovu moć.

Postoji mnogo različitih nivoa u manifestovanju Božje moći.

„Ja sam prolivao suze dan i noć.
Bio sam čak još više povređen
kada su me ljudi pogledali
kao „dete sa sidom.“

Gospod me je iscelio
sa Njegovom moći
i dao je mojoj porodici smeh.
Ja sam sada toliko srećan!

Esteban Juninka (Esteban Juni[illegible]) [illegible] Hondurasa,
isceljen od side.

Što više ispunjavate duh, u veći nivo moći ćete ući i dobiti. Ljudi čije su duhovne oči otvorene mogu da vide različite nivoe osvetljenja svetlosti u skladu sa svakim nivoom Božje moći. Ljudska bića, kao bića mogu da manifestuju do četvrtog nivoa Božje moći.

Prvi nivo moći je manifestovanje Božje moći sa crvenim svetlom koji uništava sa vatrom Svetog Duha.

Vatra Svetog Duha šiklja iz prvog nivoa moći koja se manifestuje crvenim sijalicama i isceljuje bolesti koje uključuju klice i bolesti inficirane virusom. Bolesti uključujući rak, plućne bolesti, leukemija, bolesti bubrega, artritis, problemi sa srcem i SIDA mogu biti isceljene. Ovo ne znači međutim, da sve ove bolesti iznad mogu biti isceljene u prvom nivou moći. Oni koji su već zakoračili van granica moći koje je Bog postavio, takvi kao u poslednjoj fazi raka ili plućnih bolesti, prvi nivo moći nije dovoljan.

Obnova delova tela koja su bila oštećena ili ne mogu više da funkcionišu zahteva veliku moć koja neće samo isceliti već će i

Šama Masaz (Shama Masaz) iz Pakistana,
oslobođen od opsednutosti demonom četrnaest godina

izgraditi nove delove tela. Čak i u ovom slučaju, stepen koji pacijent pokazuje u svojoj veri takođe i stepen koji pokazuje porodica u njihovoj veri i ljubavi za njega će odrediti nivo sa kojim će Bog manifestovati Njegovu moć.

Još od osnivanja, postojala su brojna manifestovanja prvog nivoa moći u Manmin centralnoj crkvi. Kada su se ljudi povinovali reči Božjoj i primili molitvu, bolesti u svim uslovima i težini su bile očišćene. Kada su se ljudi rukovali sa mnom ili su dodirnuli vrh moje odeće, primili molitvu kroz maramicu na kojoj sam se ja molio i snimljenu molitvu na automatskoj telefonskoj sekretarici, ili kada sam se molio nad fotografijom bolesnika, mi smo svedočili o Božjem isceljenju svaki put iznova.

Dela u prvom nivou moći nisu ograničena u uništavanju sa vatrom Svetog Duha. Čak i u momentu, kada se jedan moli i postaje inspirisan, ili dirnut i ispunjen Svetim Duhom, svaki pojedinac može da manifestuje čak i velika dela Božje moći. Ipak, ovo je privremena pojava a ne dokaz stalne utisnute Božje moći, i dešava se samo kada je prikladna Njegovoj moći.

Drugi nivo moći je manifestovanje Božje moći sa plavim svetlom.

Malahija 4:2 nam govori: „A vama, koji se bojite imena mog, granuće Sunce pravde, i zdravlje će biti na zracima Njegovim, i izlazićete i skakaćete kao teoci od jasala." Ljudi čije su duhovne oči otvorene mogu da vide zrake lasera- kao svetlo iz kojeg izlaze zraci isceljenja.

Drugi nivo moći isteruje tamu i oslobađa ljude koji su zaposednuti demonima, kontrolisani od strane Sotone i u kojima dominiraju različite vrste zlih duhova. Opseg mentalnog oboljenja koji je izazvan silom tame, uključujući autizam, nervno oboljenje i drugo mogu biti isceljeni uz drugi nivo moći.

Ove vrste bolesti mogu biti izbegnute ako se mi „stalno radujemo" i „dajemo zahvalnost u svemu." Umesto da ste stalno radosni i da dajete zahvalnost u svemu, ako vi počnete da mrzite druge, pružate loša osećanja, mislite negativno i postajete lako ljuti, onda ćete biti više podložni ovakvim bolestima. Kada sile Sotone, koja navodi ljude da poseduju zle misli i srce, su isterane, sve te mentalne bolesti će biti prirodno isceljene.

S vremena na vreme, sa drugim nivoom Božje moći, fizičke bolesti i slabosti su isceljene. Takve bolesti i slabosti stvorene sa delima demona i đavola su isceljene sa svetlošću drugog nivoa Božje moći. Ovde „slabosti" se odnosi na propadanje i paralizu delova tela kao što je u slučaju onih koji su mutavi, gluvi, hromi, paralizovani, paralizovani od rođenja i slično tome.

Od jevanđelja po Marku 9:14 pa nadalje je scena u kojoj Isus isteruje „gluvog i nemog duha" iz dečaka (stih 25). Ovaj dečak je postao gluv i nem zato što je zli duh bio u njemu. Kada je Isus isterao duha, dečak je odmah bio isceljen.

Na isti način, kada je uzrok bolesti sila tame, uključujući demone, zli duhovi moraju biti isterani kako bi pacijent bio isceljen. Ako neko pati od problema zbog sistema probave jer je uzrok nervni slom, uzrok mora biti iščupan napolje isterivanjem sile Sotone. U takvim bolestima kao što je paraliza ili artritis, dela sile i ostaci tame takođe mogu biti pronađeni. Ponekad, iako medicinska dijagnoza ne može da pronađe ništa što je loše, ljudi pate od bolova ovde i onde u njihovim telima. Kada se ja molim za nekoga ko pati na ovaj način, drugi čije su duhovne oči

„Oh, Bože!
Kako je ovo moguće?
Kako je moguće da ja opet hodam?"

Stara žena iz Kenije počela je da hoda samo posle molitve sa propovedaonice

otvorene često vide sile tame u neverovatnim životinjskim oblicima kako napuštaju pacijentovo telo.

Pored sila tame koje se mogu naći u bolestima i slabostima, drugi nivo Božje moći koji je svetlost, može takođe da istera sile tame koje se nalaze u kući, u poslovima ili na poslu. Kada pojedinac koji može da manifestuje drugi nivo Božje moći poseti one koji pate od proganjanja u kući i u problemima na poslu i poslovima, kako je isterivana tama i kako svetlost dolazi nad ljudima, blagoslovi u skladu sa njihovim delima dolazi iznad njih.

Podizanje mrtvih ili završavanje nečijeg života u skladu sa voljom Božjom je takođe delo drugog nivoa Božje moći. Primer koji sledi pripada ovoj kategoriji: apostol Pavlovo podizanje Evtiha (Dela Apostolska 20:9-12); Ananijina i Sapfira su obmanule apostola Pavla i njegov tok koji sledi je rezultirao njihovu smrt (Dela Apostolska 5:1-11); Jelisejevo psovanje dece koje je takođe rezultiralo njihovoj smrti (2. Kraljevima 2:23-24).

Postoje, međutim osnovne razlike u delima Isusa i onima kao što su apostol Pavle i Petar i prorok Jelisej. Na kraju, Bog kao

„Čak i nisam hteo da gledam moje telo
koje je bilo mnogo izgoreno...

Kada sam bio sam,
On je došao do mene,
pružio mi je Njegovu [illegible]
i stavio me pored Njega.

Sa Njegovom ljubavi i posvećenosti
I ja sam dobio novi život...
Da li postoji nešto
što ne mogu da uradim za Gospoda?''

Viši Đakon Eundeok Kim
isceljen od trećeg stepena opekotina
od glave do pete

Gospod svih duhova treba da dozvoli da li će neko da živi ili će biti mu život biti oduzet. Ipak, pošto su Isus i Bog jedno i isto, ono što je Isus želeo je ono što je Bog želeo. Zbog toga Isus može da vrati nazad mrtve samo kada im zapovedi sa Njegovom reči (Jevanđelje po Jovanu 11:43-44), dok drugi proroci i apostoli treba da potraže volju Boga i Njegovo odobrenje da bi oživeli nekoga.

Treći nivo je moć manifestovanja Božje moći sa belim ili obojenim svetlom, i praćena je sa svim vrstama znakova i čuda i delima stvaranja.

U trećem nivou Božje moći koji je svetlost, sve vrste znakova i čuda kao i dela stvaranja su manifestovana. Ovde „znakovi" se odnose na isceljenja u kojima slepi mogu da vide, nemi da govore i gluvi da čuju. Hromi ustaju i hodaju, kraće noge su produžene i dečija paraliza ili cerebralna paraliza su u potpunosti isceljene. Deformisani ili u potpunosti pogoršani delovi tela od rođenja su obnovljeni. Polomljene kosi su opet sastavljene zajedno, kosti koje nedostaju su stvorene, kratki jezici su porasli i tetive su povezane. Šta više, pošto se svetlo prvog, drugog i trećeg nivoa

Božje moći manifestuju istovremeno u trećem nivou kao što je potrebno, nijedna bolest ili slabost neće predstavljati problem.

Čak iako je neko izgoren od glave do pete i njegove su ćelije i mišići opečeni, ili čak iako je telo kuvano u ključaloj vodi, Bog može sve novo da stvori. Kako Bog može da stvori nešto od ničega, On može da popravi ne samo nežive predmete, već takođe i ljudske delove tela koji nisu dobro.

U Manmin centralnoj crkvi, kroz molitvu na maramici ili molitvu snimljenu na automatskoj telefonskoj sekretarici, unutrašnji organi koji nisu dobro funkcionisali ili su bili teško oštećeni su obnovljeni. Kao što su teško oštećena pluća isceljena dok su bubrezi i jetra koji su trebali da budu presađeni postali normalni, u trećem nivou Božje moći, dela moći stvaranje se neprestano manifestuju.

Postoji jedan faktor koji treba jasno razlikovati. Sa jedne strane, ako je funkcija nekog dela tela koje je bilo slabo obnovljeno, to je delo prvog nivoa Božje moći. Sa druge strane, ako funkcija nekog dela tela koje nije imalo šansu da se oporavi je oživljeno ili je stvoreno novo, to je delo trećeg nivoa Božje moći, moći stvaranja.

Četvrti nivo moći je manifestovanje Božje moći zlatnim svetlom i to je ostvarenje moći.

Kao što mi možemo da kažemo o delima manifestovanim od Isusa, četvrti nivo moći vlada svim stvarima, vlada nad vodom i čak naređuje neživim predmetima da se povinuju. U Jevanđelju po Mateju 21:19 kada je Isus prokleo drvo smokve, mi nalazimo: „Da nikad na tebi ne bude roda do veka." Od Jevanđelja po Mateju 8:23 pa nadalje je jedna scena u kojoj je Isus prekorio vetar i talase i bilo je potpuno mirno. Čak i priroda i neživi predmeti kao i vetrovi i mora postaju pokorni kada im Isus zapovedi.

Isus je jednom rekao Petru da uđe u duboku vodu i da baci mrežu za ulov i kada se Petar povinovao, on je uhvatio toliko veliki broj riba da je njegova mreža počela da se cepa (Jevanđelje po Luki 5:4-6). U drugom putu, Isus je rekao Petru: „idi na more, i baci udicu, i koju prvo uhvatiš ribu, uzmi je; i kad joj otvoriš usta naći ćeš statir. Uzmi ga te im podaj za Me i za se" (Jevanđelje po Mateju 17:24-27).

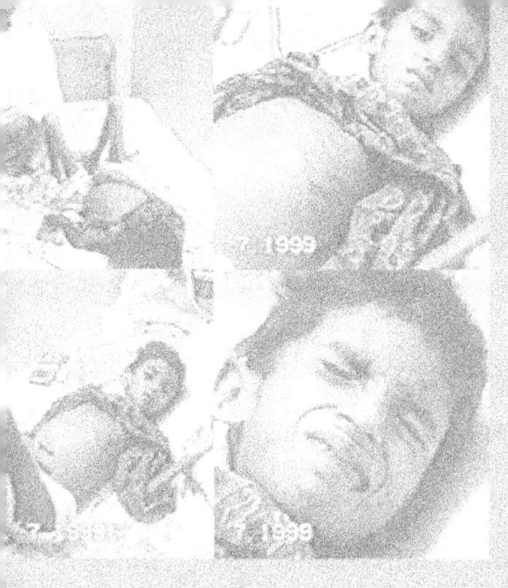

„To je toliko bolno,
to je toliko bolno
da ja ne mogu da govorim moje
bol.
Niko ne zna šta ja osećam,
ali Gospod sve zna
i isцelio me je."

Sinija iz Pakistana,
isceljena od celijačne bolesti i zavezanih creva

Kako je Bog stvorio sve stvari u univerzumu Njegovom Rečju, kada je Isus zapovedio univerzumom, on se Njemu povinovao i postao stvaran. Na isti način, jednom kada posedujemo veru, mi ćemo biti sigurni u ono čemu se nadamo i ubeđeni u ono što ne vidimo (Poslanica Jevrejima 11:1), i dela moći koja stvaraju sve stvari od ništa će biti manifestovana.

Šta više, u četvrtom nivou Božje moći, dela se manifestuju koja prevazilaze vreme i prostor.

Pored Isusovog manifestovanja Božje moći, nekoliko od njih prevazilaze vreme i prostor. Iz Jevanđelja po Marku 7:24 je scena u kojoj je žena molila Isusa da isceli njenu demonom opsednutu ćerku. Nakon što je video ženinu poniznost i veru, Isus joj je rekao: „Za tu reč idi; izađe đavo iz kćeri tvoje" (stih 29). Kada se žena vratila kući, ona je zatekla svoje dete kako leži u krevetu i demon je otišao.

Iako Isus nije posećivao lično bolesne, kada je On video veru bolesnih i zapovedio, isceljenja koja su prevazilazila vreme i prostor su se događala.

Isusovo hodanje po vodi, što je delo koje je On sam

manifestovao, takođe svedoči činjenici da je sve u univerzumu pod Isusovoj vlasti.

Šta više, Isus nam govori u Jevanđelju po Jovanu 14:12: „Zaista, zaista vam kažem: koji veruje Mene, dela koja Ja tvorim i on će tvoriti, i veća će od ovih tvoriti; jer Ja idem k Ocu Mom." Kako nas On uverava, prava neverovatna dela Božje moći su manifestovana u Manmin centralnoj crkvi danas.

Na primer, razna čuda u kojima se menja vreme su se dogodila. Kada se ja molim, kiša koja lije prestaje za treptaj oka; veoma mračni oblaci se razilaze; i besprekorno nebo je ispunjeno umesto toga oblacima. Postojalo je takođe i mnogo primera u kojima su se neživi predmeti povinovali mojim molitvama. Čak i u slučaju u opasnom trovanju po život ugljen-monoksidom, minut ili dva posle moje molitve, osoba koja je bila bez svesti počela je da se oporavlja i nije patila od nikakvih posledica. Kada sam se molio za pojedinca koji je patio od opekotina trećeg stepena, „mirisu opekotina, nestani," osoba nije više osećala nikakav bol.

Pored toga, dela Božje moći koja prevazilaze vreme i prostor se događaju u velikoj meri sve više i više su ubedljivija. Slučaj

Sintije (Cynthia), ćerke Vilsona Džona Gila (Wilson John Gil), višeg sveštenika pakistanske Manmin crkve je posebno značajan. Kada sam se molio za Sintiju nad njenom fotografijom u Seulu u Koreji, devojka od koje su doktori odustali od svih nada, se brzo oporavila od momenta kada sam se ja molio za nju hiljadama kilometara dalje.

U četvrtom nivou moći, moć da se iscele bolesti, da se isteraju sile tame, da se pokazuju znakovi i čuda i da se zapovedi svim stvarima da se povinuju - kombinovana dela prvog, drugog, trećeg i četvrtog nivoa moći - su manifestovana.

Najveća moć stvaranja

Biblija beleži Isusovo manifestovanje moći koje je iznad četvrtog nivoa moći. Ovaj nivo moći, najveća moć, pripada Stvoritelju. Ova moć nije manifestovana na istom nivou u kojem ljudska bića mogu da manifestuju Njegovu moć. Umesto toga, ona potiče od prave svetlosti koje je svetlelo kada je Bog postojao sam.

U Jevanđelju po Jovanu 11, Isus zapoveda Lazaru koji je bio

mrtav četiri dana i čije je telo odavalo užasan miris: „Lazare, izađi!" Na Njegovu zapovest, mrtav čovek je izašao napolje, njegove ruke i noge bile su povezane platnom i njegovo lice je bilo umotano ubrusom (stihovi 43-44).

Nakon što osoba ukloni svaku vrstu zla, postane posvećen, počne da liči na njegovog Oca Boga i promeni se u potpuni duh, on će ući u duhovno kraljevstvo. Što više sakupi znanje o duhovnom kraljevstvu, više će rasti njegovo manifestovanje Božje moći iznad četvrtog nivoa.

U to vreme, od dostiže nivo moći, moć koja može biti manifestovana samo od strane Božanskog, što je najveća moć Stvoritelja. Kada čovek u potpunosti ispuni ovo, kao u vremenu kada je Bog stvorio sve u univerzumu sa Njegovom zapovesti, on će takođe moći da manifestuje čudesna dela kreacije.

Na primer, kada on zapovedi slepoj osobi: „Otvori svoje oči," oči slepog čoveka će se odmah otvoriti. Kada on zapovedi nemoj osobi: „Govori!" nema osoba će u momentu početi da govori. Kada zapovedi hromom: „Ustani," hrom čovek će hodati i trčati. Kada on zapovedi, ožiljcima i delovima tela koja su počela da trule, oni će biti obnovljeni.

Ovo se ispunjava uz svetlost i glas Božji, koji je postojao kao svetlost i glas pre početka vremena. Kada je bezgranična moć stvaranja u svetlosti zapisana unapred glasom, svetlost se spušta i dela su manifestovana. Ovo je način da ljudi, koji su gazili van granica života koje je Bog postavio, i bolesti i slabosti koje ne mogu biti izlečene sa prvim, drugim, trećim nivoom, budu isceljene.

Dobijanje moći Božje koji je svetlost

Kako mi možemo da ličimo na srce Boga, da dobijemo Njegovu moć i da povedemo brojne ljude ka putu spasenja?

Prvo, mi moramo ne samo da izbegnemo svaku vrstu zla i ispunimo posvećenost, već takođe i da steknemo dobro srce i da težimo za najveće dobro.

Ako vi ne pokazujete nikakve znake loših osećanja ili nelagodnosti prema pojedincu koji je učinio vaš život teškim ili vam je naškodio, može li se reći za vas da se ispunili dobro u srcu?

Ne, to nije slučaj. Čak iako ne postoji drhtanje u srcu ili osećaj nelagodnosti i vi čekate i istrajete, iz pogleda Božjeg ovo je samo prvi korak dobroga.

U većem nivou dobroga, jedan će govoriti ili će se ponašati na način da dotakne ljude koji mu otežavaju život ili mu štete. U najvećem dobru sa kojim je Bog zadovoljan, jedan mora da može da odustane od sopstvenog života za dobrobit svojeg neprijatelja.

Isus je mogao da oprosti ljudima koji su Njega razapeli i za te ljude On je samovoljno odustao od Njegovog života zato što je On posedovao najveće dobro. Oboje, Mojsije i apostol Pavle su bili voljni da daju svoje živote za iste ljude koji su takođe hteli da ih ubiju.

Kada je Bog hteo da uništi ljude Izraela, koji su se bili protivili služenjem idolima, žalili su se i držali su rasprave protiv Njega čak iako su svedočili velikim znakovima i čudima, kako je Mojsije odgovorio? On je iskreno udovoljavao Bogu sa: „Ali sada, ako Ti hoćeš, oprosti im greh, ako li nećeš, izbriši me iz knjige Svoje, koju si Ti napisao!“ (Izlazak 32:32) apostol Pavle je bio isti. Kao što je priznao u Poslanici Rimljanima 9:3: „Jer bih želeo da ja sam budem odlučen od Hrista za braću svoju koja su mi rod po telu," Pavle je ispunio najveće dobro i zbog toga su ga velika dela Božje moći uvek pratila.

Sledeće, mi moramo da ispunimo duhovnu ljubav.

Ljubav je danas znatno oslabila. Iako mnogi ljudi danas govore jedan drugome: „Volim te," kako vreme proilazi, mi vidimo da je većina te „ljubavi" telesna koja se menja. Ljubav Boga je duhovna ljubav koja je uzvišena dan za danom i zapisana je do detalja u 1. Korinćanima Poslanici 13.

Prvo: „Ljubav je strpljiva [i] ljubav je ljubazna. To nije ljubomora." Naš Gospod je nama oprostio sve naše grehove i mrlje i otvorio je put spasenja strpljivo čekajući čak i one koji ne praštaju. Ipak, čak iako priznajemo našu ljubav prema Gospodu, jesmo li brzi u otkrivanju grehova i mrlja naše braće i sestara? Jesmo li brzi u osudama i optužbama prema drugima kada nešto ili neko nije nama po volji? Da li smo bili ljubomorni na nekoga ko napreduje u životu ili smo se osećali razočarano?

Sledeće, ljubav: „ljubav se ne veliča [i] ne nadima se" (stih 5) čak iako mi izgledamo kao da slavimo Gospoda sa spolja, ako mi imamo srce koje želi da bude prepoznato od drugih, ispoljavamo sebe i potcenjujemo ili učimo druge zbog naše pozicije ili vlasti, to će biti hvalisanje i ponos.

Šta više, ljubav: „Ne čini šta ne valja, ne traži svoje, ne srdi se, ne misli o zlu" (stih 5). Naše neprijatno ponašanje prema Bogu i ljudima, naše promenljivo srce i misli koje se lako menjaju, naši napori da budemo veći čak iako štetimo drugima, naša lako počinjena loša osećanja, naša namera da mislimo negativno i da činimo loše drugima i slično tome, ne sačinjavaju ljubav.

Pored toga, ljubav: „Ne raduje se nepravdi, a raduje se istini" (stih 6). Ako mi imamo ljubav, mi uvek moramo da hodamo i da se radujemo istini. Kao što nam 3. Jovanova Poslanica 1:4 kaže: „Nemam veće radosti od ove da čujem moja deca u istini da hode," istina mora biti izvor našeg ushićenja i radosti.

Poslednje, ljubav: „sve snosi, sve veruje, svemu se nada, sve trpi" (stih 7). Oni koji zaista vole Boga znaju za volju Božju i prema tome oni će verovati u sve stvari. Kako ljudi gledaju napred i veruju zauzvrat u našeg Gospoda, u oživljavanje vernika, nebeske nagrade i slično tome, oni se nadaju svim stvarima od gore, izdržavaju u svim poteškoćama i bore se da ispune Njegovu volju.

Kako bi pokazao dokaze Njegove ljubavi za one koji su se povinovali u istini kao što su dobrota, ljubav i druge kao što je zapisano u Bibliji, Bog koji je svetlost daje njima Njegovu moć kao dar. On je takođe nestrpljiv da sretne i dobije odgovore onih koji su se borili da hodaju u svetlosti.

Prema tome, otkrivanjem sebe i razvaljivanjem vašeg srca, da vi koji želite da dobijete blagoslove od Boga i odgovore i da postanete pripremljena posuda ispred Njega i da iskusite moć Božju, u ime našeg Gospoda Isusa Hrista ja se molim!

Poruka 6

Oči slepih će se otvoriti

Jevanđelje po Jovanu 9:32-33

Otkako je sveta
nije čuveno
da ko otvori oči
rođenom slepcu.
Kad On ne bi bio od Boga,
ne bi mogao ništa činiti

U Delima Apostolskim 2:22, Isusov učenik Petar, nakon što je primio Svetog Duha, obratio se Jevrejima navodeći reči proroka Joila. „Ljudi Izrailjci, poslušajte reči ove: Isusa Nazarećanina, čoveka od Boga potvrđenog među vama silama i čudesima i znacima koje učini Bog preko Njega među vama, kao što i sami znate." Isusova velika manifestovanja moći, znakova i čuda su bili dokazi svedočenja da je Isus koga su Jevreji razapeli zaista bio Mesija čiji je dolazak bio prorokovan u Starom Zavetu.

Šta više, Petar je sam počeo da manifestuje Božju moć nakon što je primio i bio ovlašćen od Svetog Duha. On je iscelio bogaljog prosjaka (Dela Apostolska 3:8), a ljudi su iznosili bolesne na ulice i polagali ih na krevete i madrace tako da bi makar Petrova senka mogla da padne na njih dok je on prolazio (Dela apostolska 5:15).

Pošto je moć vaučer koji svedoči o Božjoj prisutnosti sa onima koji manifestuju moć i na najsigurniji način sade seme biljke vere u srcima nevernika, Bog je dao moć onima koje On smatra prikladnim.

Isus isceljuje čoveka koji je rođen slep

Priča iz Jevanđelja po Jovanu 9 počinje kada je Isus na Njegovom putu naišao na čoveka koji je rođen slep. Isusovi učenici su želeli da znaju zašto slepi čovek nije mogao da vidi od rođenja. „Ravi, ko sagreši, ili ovaj ili roditelji njegovi, te se rodi slep?" (stih 2) U odgovoru, Isus je objasnio njima da je čovek rođen slep kako bi dela Božja bila prikazana u njegovom životu. (stih 3). Zatim je pljunuo na zemlju i napravio je od pljuvačke blato, stavio na čovekove oči i zapovedio slepom od rođenja čoveku: „Idi umij se u banji siloamskoj" (stihovi 6-7). Kada se čovek povinovao i odmah umio u banji siloamskoj, njegove oči su se otvorile.

Čak iako postoje mnogi drugi ljudi iz Biblije koje je Isus iscelio, jedna razlika izdvaja ovog slepog čoveka od rođenja od drugih. Čovek nije molio Isusa da ga isceli, već je umesto toga Isus došao do čoveka i u potpunosti ga iscelio.

WZašto je onda ovaj čovek slep od rođenja dobio takvu neverovatnu milost?

Prvo, čovek je bio pokoran.

Za običnog čoveka, ništa od onoga što je Isus uradio- Njegovo pljuvanje na zemlju, pravljenje blata, stavljanje blata na čovekove slepe oči i zapovedanje čoveku da ide i da se umije u banji siloamskoj- nema nikakvog smisla. Zdrav razum ne dozvoljava takvim pojedincima da veruju da oči slepog čoveka od rođenja mogu biti otvorene nakon što se stavi blato na njegove oči i umije ih u vodi. Šta više, ako ta osoba čuje ovu zapovest bez da poznaje ko je Isus bio, on i većina ljudi ne samo da neće verovati nego će se i očigledno naljutiti. Ipak, ovo nije bio slučaj sa ovim čovekom. Kako je Isus zapovedio, čovek se povinovao i umio je njegove oči u banji siloamskoj. Na kraju i zadivljujuće, njegove oči koje su bile zatvorene od momenta kada se rodio, su se sada otvorile prvi put i čovek je počeo da vidi.

Ako mislite da se reč Božja ne slaže sa čovečijim razumom ili iskustvom, pokušajte da se povinujete Njegovoj reči pokornim srcem kao što je i ovaj od rođenja slepi čovek uradio. Onda će milost Božja doći nad vama i kao što su ovom slepom čoveku oči bile otvorene, vi ćete takođe iskusiti čudesna iskustva.

Drugo, urođene čovekove slepe duhovne oči, koje su mogle da razlikuju istinu od neistine, su se otvorile.

Iz razgovora sa Jevrejima nakon što je bio isceljen, mi možemo da kažemo da dok su slepe oči čoveka bile fizički zatvorene, u dobroti njegovog srca on je mogao da odvoji dobro od lošeg. Suprotno tome, Jevreji su bili duhovno slepi, strogo ograničeni u granicama zakona. Kada su Jevreji tražili detalje o isceljivanju, čovek koji je bio slep smelo je objavio: „Čovek koji se zove Isus načini kao, i pomaza oči moje, i reče mi: „Idi u banju siloamsku i umij se“; kad otidoh i umih se, progledah“ (stih 11).

U neverici, kada su Jevreji unakrsno ispitivali čoveka koji je bio slep: „Šta kažeš ti za njega što ti otvori oči tvoje? čovek je odgovorio: „Prorok je“ (stih 17). Čovek je mislio da ako je Isus bio dovoljno moćan da isceli slepilo, On mora da je bio čovek od Boga. Ironično, Jevreji su zapretili čoveku: „Daj Bogu slavu. Mi znamo da je čovek ovaj grešan“ (stih 24).

Koliko je nelogična bila njihova tvrdnja? Bog ne odgovara na molitve grešnika. Niti On daje Njegovu moć grešniku da otvora oči slepima i da dobija slavu. Iako Jevreji nisu mogli niti da veruju niti da razumeju ovo, čovek koji je bio slep nastavio je da smelo i iskreno priznaje: „A znamo da Bog ne sluša grešnika; nego ako ko poštuje Boga i volju Njegovu tvori, onog sluša. Otkako je sveta nije čuveno da ko otvori oči rođenom slepcu. Kad On ne bi bio od Boga ne bi mogao ništa činiti“ (stihovi 31-33).

Kako nijedne oči nisu bile otvorene još od vremena stvaranja, ko god da je čuo novosti o ovom čoveku trebao je da se raduje i da slavi sa njim. Umesto toga, među Jevrejima raširio se vazduh osude, optužbe i neprijateljstva. Pošto su Jevreji bili suviše duhovno arogantni, oni su mislili da su sama dela Boga bila velika dela u suprotstavljanju prema Njemu. Biblija nam međutim govori, da samo Bog može da otvori oči slepih.

Psalmi 146:8 nas podsećaju: „GOSPOD otvara oči slepcima, podiže oborene, GOSPOD ljubi pravednike“ dok nam Isaija 29:18 govori: „I u taj će dan gluvi čuti reči u knjizi, i iz tame i mraka videće oči slepih.“ Isaija 35:5 nam takođe govori: „Tada će se otvoriti oči slepima, i uši gluvima otvoriće se.“ Ovde „U taj dan" i „Tada" se odnosi na vreme kada je Isus došao i otvorio je oči slepih.

Uprkos ovim stihovima i podsećanjima, u njihovim krutim granicama i zlu, Jevreji nisu mogli da veruju u dela Božja manifestovana kroz Isusa i umesto toga oni su optuživali Isusa kao grešnika koji se nije povinovao reči Božjoj. Čak iako čovek koji je bio slep nije imao veliko znanje o zakonu, u njegovoj dobroj savesti on je znao istinu; da Bog ne sluša grešnike. Čovek je takođe znao da je isceljenje slepih očiju moguće samo od strane Boga.

Treće, nakon što je dobio Božju milost, čovek koji je bio slep došao je ispred Gospoda i rešio je da vodi potpuno novi život.

Do današnjeg dana, ja sam bio svedok mnogim primerima u kojima su ljudi na pragu smrti dobijali snagu i odgovore u svim vrstama životnih problema u Manmin centralnoj crkvi. Meni je žao, međutim za ljude čija su se srca promenila čak i nakon što su dobili Božju milost i za druge koji su se odrekli svoje vere i vratili se na svetovni put. Kada su njihovi životi u bolovima i agoniji, takvi ljudi dolaze i mole se u suzama: „Moliću se samo za

Dženifer Rodrigez (Jennifer Rodriguez) iz Filipina,
koja je bila slepa od rođenja,
počela je da vidi prvi put posle osam godina

Gospoda kada dobijem isceljenje." Kada oni dobiju isceljenje i blagoslove, u potrazi za svojim prednostima ovi ljudi se odriču milosti i idu u stranu od istine. Čak iako su se možda njihovi fizički problemi rešili, to je bespotrebno zato što se njihov duh odvojio od puta spasenja i oni su na putu pakla.

Ovaj čovek koji je rođen slep imao je dobro srce koje se nije odreklo milosti. Zbog toga je kada je sreo Isusa, nije bio samo isceljen od slepila već je bio i siguran u blagoslov spasenja. Kada ga je Isus pitao: „Veruješ li ti Sina Božjeg?" čovek je odgovorio: „Ko je, Gospode, da Ga verujem?" (stihovi 35-36). Kada je Isus odgovorio: „I video si ga, i koji govori s tobom Ga je" čovek je priznao: „Verujem Gospode!" (stihovi 37-38). Čovek nije jednostavno „verovao;" on je primio Isusa kao Hrista. To je bilo čovekovo čvrsto priznanje u kojem je on rešio da prati samo Gospoda i da živi samo za Gospoda.

Bog želi da svi mi dođemo ispred Njega sa ovom vrstom srca. On želi da mi Njega tražimo ne samo što nas On isceljuje od naših bolesti i što nas blagoslovi. On čezne za tim da mi razumemo Njegovu iskrenu ljubav jer je darežljivo dao Njegovog

„Moje srce me je odvelo na to mesto...

ja sam samo žudila za milost...

Bog mi je dao ogroman poklon.
Ono što me čini srećnijom
nego to što vidim
je činjenica
da sam srela živog Boga!"

Marija iz Hondurasa,
koja je izgubila vid u desnom oku
kada je bila dve godine stara,
počela je da vidi nakon što je primila molitvu
od dr. Džeroka Lija

jednog i jedinog Sina za nas i primamo Isusa kao našeg Spasitelja. Šta više, mi treba ne samo Njega da volimo sa našim usnama već takođe i sa našim postupcima u rečima Božjim. On nam govori u 1. Poslanici Jovanovoj 5:1: „Jer je ovo ljubav Božija da zapovesti Njegove držimo; i zapovesti Njegove nisu teške." Ako mi zaista volimo Boga, mi moramo da odbacimo sve što je zlobno iznad nas i da hodamo svaki dan u svetlosti.

Kada mi tražimo nešto od Boga sa ovom vrstom vere i ljubavi, kako On neće da nam odgovori? U Jevanđelju po Mateju 7:11, kao što nam je Isus obećao: „Kad dakle vi, zli budući, umete dare dobre davati deci svojoj, koliko će više Otac vaš nebeski dati dobra onima koji Ga mole!" verujte da će naš Otac Bog odgovoriti na sve molitve Njegovoj voljenoj deci.

Prema tome, nema veze koju vrstu problema ili bolesti imate, dođite ispred Boga. Sa priznanjem; „Verujem Gospode!" koje potiče iz sredine vašeg srca, kada vi pokažete dela vaše vere, Gospod koji je iscelio čoveka rođenog slepog će isceliti svaku vrstu bolesti, okrenuće nemoguće u moguće i rešiće sve vaše probleme u životu.

„Doktori su mi rekli
da ću uskoro da oslepim...
stvari su počele da blede...

Hvala ti, Gospode,
što si mi dao svetlost...

Ja sam čekao na Tebe...“

Sveštenik Rikardo Morales (Ricardo Morales) iz Hondurasa,
koji je umalo postao slep
posle nesreće
ali počeo je da vidi

Dela otvaranja oči slepima u Manmin centralnoj crkvi

Još od otvaranja 1982. godine, Manmin je uveliko slavila Boga kroz dela otvaranja oči brojnim pojedincima koji su bili slepi. Mnogi ljudi su bili slepi još od rođenja i dobili su vid nakon molitve. Vid mnogih drugih koji se pogoršao i koji su se oslanjali na naočare ili kontaktna sočiva se povratio. Među mnogim, mnogim neverovatnim svedočenjima, slede nekoliko primera.

Kada sam predvodio veliki ujedinjeni pohod u Hondurasu, jula 2002. godine, postojala je dvanaestogodišnja devojčica Marija koja je izgubila vid u njenom desnom oku zbog visoke temperature kada je imala dve godine. Njeni roditelji su su činili razne pokušaje da povrate njen vid. Čak i presađivanje rožnjače Mariji nije bilo od koristi. Za vreme sledećih deset godina posle neuspele transplatacije, Marija čak više nije mogla ni da vidi svetlost kroz oko.

Onda u 2002. godini, u iskrenoj želji za milost Božju, Marija je prisustvovala pohodu u kojem je primila moju molitvu, počela je da vidi svetlost i uskoro je povratila njen vid. Nervi u njenom oku koji su svakako propali i umrli su bili oporavljeni uz moć Božju. Koliko je ovo neverovatno? Nemerljiv broj ljudi u Hondurasu je slavio i uzvikivao: „Bog je zaista živ i čini čak i danas!“

Pastor Rikardo Morales (Ricardo Morales) je skoro postao slep ali je bio isceljen u potpunosti sa slatkom vodom iz Muana. Sedam godina pre rata u Hondurasu, pastor Rikardo je učestvovao u saobraćajnoj nesreći u kome je njegova mrežnjača bila kritično oštećena i patio je od velikog krvarenja. Doktori su rekli pastoru Rikardu da će uveliko izgubiti vid i da će svakako ostati slep. Ipak, on je bio isceljen prvog dana na konferenciji crkvenih vođa 2002. godine u Hondurasu. Nakon što je čuo reč Božju, u veri pastor Rikardo je stavi slatku vodu Muana na njegove oči i što je bilo još neverovatnije, predmeti su postali jasniji u minuti. Najpre, zato što nije očekivao nešto poput ovoga, pastor Rikardo nije mogao da veruje. Onda uveče, sa naočarima koje je imao, pastor Rikardo je posetio prvu sednicu pohoda. Onda, odjednom, staklo sa njegovih naočara je palo i on je čuo glas Svetog Duha: „Ako ne skineš svoje naočare, ti ćeš biti slep." Pastor Rikardo je onda skinuo njegove naočare i shvatio je da može da vidi sve stvari jasno. Njegov vid se povratio i pastor Rikardo je mnogo slavio Boga.

U Najrobiju u Keniji u Manmin crkvi, mlad čovek po imenu Kombo jednom je posetio njegov rodni grad, koji je oko 400 kilometara (oko 250 milja) udaljen od crkve. Za vreme posete, on je širio jevanđelje njegovoj porodici i govorio im je o čudesnim delima Božje moći koja se dešavaju u Manmin crkvi u Seulu. On se molio za njih sa maramicom na kojoj se molio. Kombo se takođe predstavio njegovoj porodici kalendar koji štampa crkva.

Kada je čula njenog unuka kako propoveda jevanđelje, Kombova baka koja je bila slepa, mislila je u sebi sa iskrenom željom: „Volela bih takođe da vidim sliku dr. Džeroka Lija," kako je držala kalendar u njenim rukama. Ono što je sledilo zaista je bilo čudesno. Kako je Kombova baka otvorila kalendar, njene oči su se otvorile i ona je mogla da vidi fotografiju. Aleluja! Kombova porodica je iz prve ruke iskusila dela moći koje je otvorilo oči slepima i počela je da veruje u živog Boga. Šta više, kada su se vesti o ovom događaju raširile kroz selo, ljudi su tražili da filijala crkve bude otvorena takođe i u njihovom selu.

Sa brojnim delima moći širom sveta, sada postoje hiljade filijala Manmin crkve širom sveta i jevanđelje svetosti se propoveda na kraja sveta. Kada vi priznate i verujete u dela Božje moći, vi takođe možete da postanete naslednik Njegovih blagoslova.

Kao što je bilo i u slučaju Isusovog vremena, umesto da se raduju i slave Boga zajedno, mnogi ljudi danas osuđuju, optužuju i i govore protiv dela Svetog Duha. Mi moramo da razumemo da je ovo užasan greh, kao što nam je Isus naročito rekao u Jevanđelju po Mateju 12:31-32: „Zato vam kažem, svaki greh i hula oprostiće se ljudima; a na Duha Svetog hula neće se oprostiti ljudima. I ako ko reče reč na Sina čovečijeg, oprostiće mu se; a koji reče reč na Duha Svetog, neće mu se oprostiti ni na ovom svetu ni na onom."

Kako ne bi protivrečili delima Svetog Duha već umesto toga iskusili neverovatna dela Božje moći, mi moramo da priznamo i da žudimo za Njegovim delima kao čovek koji je bio slep iz

Jevanđelja po Jovanu 9. U skladu sa tim koliko su ljudi sebe pripremili da postanu dobre posude da bi dobili odgovore sa verom, neki će iskusiti dela Božje moći dok drugi neće.

Kao što nam Psalmi 18:25-26 govore: „Sa svetima postupaš sveto, s čovekom vernim verno, s čistim čisto, a s nevaljalim nasuprot njemu," da svako od vas u verovanju u Boga koji nas nagrađuje u skladu sa onim što smo uradili i pokazali svojim delima u veri, da postanete naslednik Njegovih blagoslova, u ime našeg Gospoda Isusa Hrista ja se molim!

Poruka 7

Ljudi će ustati, poskočiće i hodaće

Jevanđelje po Marku 2:3-12

I dođoše k Njemu s oduzetim
koga su nosili četvoro.
I ne mogući približiti se k Njemu od naroda
otkriše kuću gde On beše;
i prokopavši spustiše odar
na kome oduzeti ležaše. A Isus videvši veru njihovu reče uzetome:
„Sinko! Opraštaju ti se gresi tvoji.“
A onde sеđahu neki od književnika
i pomišljahu u srcima svojim:
„Šta ovaj tako huli na Boga?
Ko može opraštati grehe osim jednog Boga?“ I odmah
razumevši Isus duhom svojim
da oni tako pomišljaju u sebi,
reče im: „Što tako pomišljate
u srcima svojim? Šta je lakše? Reći uzetome:
„Opraštaju ti se gresi“, ili reći: Ustani i uzmi odar svoj, i hodi?“
No da znate da vlast ima Sin čovečji
na zemlji opraštati grehe.“
Reče uzetome:
„Tebi govorim, ustani,
i uzmi odar svoj, i idi doma.“
I usta odmah, i uzevši odar
izađe pred svima
tako da se svi divljahu i hvaljahu Boga govoreći: „Nikada toga videli nismo.“ “

Biblija nam govori da su u vreme Isusa mnogi koji su bili paralizovani ili bogalji primili potpuno isceljenje i mnogo su slavili Boga. Kako je Bog obećao u Isaiji 35:6: „Tada će hromi skakati kao jelen, i jezik nemog pevaće, jer će u pustinji provreti vode i potoci u zemlji sasušenoj," i ponovo u Isaiji 49:8: „U vreme milosno usliših te, i u dan spasenja pomogoh ti; i čuvaću te i daću te da budeš zavet narodu da utvrdiš zemlju i naslediš opustelo nasledstvo;" Bog nam neće samo odgovoriti već će nas takođe i povesti ka spasenju.

To se neprestano potvrđuje danas u Manmin centralnoj crkvi, gde su uz moć Božjih čuda mnogi pacijenti počeli da hodaju, ustajali su iz invalidskih kolica i bacali svoje štake.

Sa kojom vrstom vere je paralizovan čovek spomenut u Jevanđelju po Marku 2 došao ispred Isusa i primio spasenje i blagoslov odgovora? Ja se molim za one koji trenutno nisu u mogućnosti zbog slabosti da hodaju, da ustanu, hodaju i da opet potrče.

Paralizovan čovek čuo je vesti o Isusu

U Jevanđelju po Marku je detaljan prikaz paralizovanog čoveka koji je primio isceljenje od Isusa kada je On posetio Kapernaum. U tom gradu je živeo veoma siromašan i paralizovan čovek koji nije mogao sam da sedne bez pomoći drugih i živeo je samo zato što nije mogao da umre. Ipak, on je čuo vesti o Isusu koji je otvarao oči slepima, učinio da bogalji ustanu, isterivao zle demone i isceljivao ljude od različitih vrsta bolesti. Zato što je čovek imao dobro srce, kada je čuo vesti o Isusu, on se setio njih i došao je sa iskrenom željom da sretne Isusa.

Jednog dana, paralizovan čovek je čuo da je Isus došao u Kapernaum. Kako je uzbuđen i radostan on morao da bude u očekivanju da će se sresti sa Isusom? Paralizovan čovek međutim nije mogao sam da se pomera i prema tome je tražio prijatelje koji bi ga odveli do Isusa. Srećom, zato što su njegovi prijatelji bili dobro upoznati o Isusu, oni su se složili da pomognu njihovom prijatelju.

Paralizovan čovek i njegovi prijatelji dolaze pred Isusa

Paralizovan čovek i njegovi prijatelji stigli su do kuće u kojoj je Isus propovedao, ali pošto se okupila velika masa ljudi oni nisu mogli da nađu najbliži prostor do vrata a još manje da uđu u kuću. Okolnosti nisu dozvoljavale da paralizovan čovek i njegovi prijatelji dođu ispred Isusa. Oni mora da su preklinjali masu: „Molimo vas pomerite se u stranu! Mi imamo kritičnog pacijenta!" Međutim kuća i okućnica su bile prepune ljudima. Da je paralizovanom čoveku i njegovim prijateljima nedostajala vera, oni bi se možda vratili kući i ne bi sreli Isusa.

Međutim, oni nisu odustajali vać su umesto toga pokazali svoju veru. Nakon razmišljanja kako da se sretnu sa Isusom, kao poslednje rešenje prijatelji paralizovanog čoveka počeli su da otvaraju rupu na krovu iznad Isusa i da je kopaju. Čak iako su se izvinjavali vlasniku kuće i kasnije mu platili za štetu, paralizovan čovek i njegovi prijatelji bili su očajni da se sretnu sa Isusom i da dobiju isceljenje.

Vera je praćena delima a dela vere mogu da se prikažu samo kada sebe spustite sa skromnim srcem. Jeste li ikada pomislili ili rekli sebi: „Iako ja to želim, moje fizičke sposobnosti mi ne dozvoljavaju da idem u crkvu?" Da je paralizovan čovek priznavao stotinu puta: „Gospode, ja verujem da ti znaš da ja ne mogu da dođem da se sretnem sa tobom zato što sam paralizovan. Ja takođe verujem da ćeš me ti isceliti čak i kada ležim u mom krevetu," za njega se ne bi reklo da je pokazao njegovu veru.

Bez obzira koliko bi ga to koštalo, paralizovan čovek je došao ispred Isusa da dobije isceljenje. Paralizovan čovek je verovao i bio je ubeđen da će biti isceljen kada se sretne sa Isusom i tražio je od njegovih prijatelja da ga odnesu ispred Isusa. Šta više, pošto su njegovi prijatelji takođe imali veru, oni su mogli da služe paralizovanom prijatelju tako što su napravili i kopali rupu i spustili se kroz krov stranca.

Ako vi iskreno verujete da ćete biti isceljeni ispred Boga, dolazak ispred Njega je dokaz vaše vere. Zbog toga nakon što su oni iskopali rupu na krovu, prijatelji paralizovanog čoveka su spustili podmetač na kome je paralizovan čovek ležao i prestavili su ga ispred Isusa. U to vreme, krovovi kuća u Izraelu bili su ravni i postojalo je stepenište uz svaku kuću kako bi ljudi imali lak pristup krovovima. Šta više, krovni crepovi su mogli lako da se uklone. Ove pogodnosti dozvoljavale su paralizovanom čoveku da stigne ispred Isusa mnogo bliže od bilo koga drugoga.

Mi možemo da dobijemo odgovore nakon što rešimo problem greha

U Jevanđelju po Marku 2:5 mi nailazimo da je Isus bio evidentno očaran delima vere paralizovanog čoveka. Pre nego što je On iscelio paralizovanog čoveka, zašto mu je Isus rekao: „Sinko, opraštaju ti se gresi tvoji." Ovo je zato što oproštaj od grehova mora stajati iznad isceljenja.

U Izlazku 15:26 Bog nam govori: „Ako dobro uzaslušaš glas GOSPODA Boga svog, i učiniš što je pravo u očima Njegovim, i ako prigneš uho k zapovestima Njegovim i sačuvaš sve uredbe Njegove, nijednu bolest koju sam pustio na Misir neću pustiti na tebe; jer sam Ja GOSPOD, lekar tvoj." Ovde „bolesti koju sam pustio na Misir" se odnosi na svaku bolest koja je poznata čoveku. Prema tome, kada se mi povinujemo Njegovim zapovestima i živimo po Njegovoj Reči, Bog će nas zaštiti kako nas ni jedna bolest ne bi pogodila. Šta više, u knjizi Ponovljeni

Zakonik 28 Bog nam obećava da dokle god se povinujemo i živimo po Njegovoj Reči, nijedna bolest nikada neće prodreti u naša tela. U Jevanđelje po Jovanu 5, nakon što je iscelio čoveka koji je bio bolestan trideset osam godina, Isus mu je rekao: „Eto si zdrav, više ne greši, da ti ne bude gore" (stih 14).

Zato što sve bolesti potiču od greha, pre nego što je On iscelio paralizovanog čoveka Isus mu je prvo dao oproštaj. Odlazak ispred Isusa, međutim, ne mora uvek da rezultira oproštaj. Kako bi dobili isceljenje, mi moramo prvo da se pokajemo od naših grehova i da se odvratimo od njenog puta. Ako ste vi bili grešnik, vi morate da postanete onaj koji više ne greši; ako ste bili lažov, vi morate da postanete onaj koji više ne laže; a ako ste mrzeli druge, vi ne smete više da mrzite. Samo onima koji se povinuju reči Bog daje oproštaj. Šta više, priznanje: „ja verujem" ne garantuje vam oproštaj; kada mi izađemo na svetlost, krv našeg Gospoda će svakako očistiti nas od naših grehova (1. Jovanova Poslanica 1:7).

Paralizovan čovek hoda uz moć Božju

U Jevanđelju po Marku 2, mi nailazimo da nakon što je primio oproštaj, čovek koji je bio paralizovan je ustao, uzeo je svoj podmetač i izašao je napolje na očigled svih ljudi koji su bili tamo. Kada je on došao kod Isusa, on je ležao na podmetaču. Čovek je bio isceljen, međutim u momentu kada mu je Isus rekao: „Sinko, opraštaju ti se gresi tvoji" (stih 5). Umesto da se raduju isceljenju, učitelji zakona su bili zauzeti raspravama. Kada je Isus rekao čoveku: „Sinko, opraštaju ti se gresi tvoji," oni su mislili u sebi: „Zašto ovaj čovek tako priča? Ko može opraštati grehe osim jednog Boga?" (stih 7).

Onda im je Isus odgovorio: „Što tako pomišljate u srcima svojim?" Šta je lakše, reći uzetome: „Opraštaju ti se gresi," ili reći: „Ustani i uzmi odar svoj, i hodi?" No da znate da vlast ima Sin čovečji na zemlji opraštati grehe" (stihovi 8-10). Nakon što ih je prosvetlio sa proviđenjem Božjim, kada je Isus rekao paralizovanom čoveku: „tebi govorim, ustani i uzmi odar svoj i idi doma" (stih 11) čovek je odmah ustao i hodao. Drugim rečima, za čoveka koji je bio paralizovan i koji je dobio isceljenje to označava da je dobio oproštaj i da Bog garantuje za svaku reč koju je Isus izgovorio. To je takođe dokaz da svemogući Bog garantuje Isusa kao Spasitelja čovečanstva.

Primeri ustajanja, poskakivanja i hodanja

U Jevanđelju po Jovanu 14:11, Isus nam govori: „Verujte Meni da sam Ja u Ocu i Otac u Meni; ako li Meni ne verujete, verujte Mi po tim delima." Zbog toga, mi verujemo da su Otac Bog i Isus jedno isto u svedočenju da je paralizovanom čoveku koji je došao ispred Isusa u veri bilo oprošteno, da je ustao, poskočio i hodao na Isusovu zapovest.

U sledećem Jevanđelju po Jovanu 14:12, Isus nam je takođe rekao: „Zaista, zaista vam kažem: koji veruje Mene, dela koja Ja tvorim i on će tvoriti, i veća će od ovih tvoriti; jer Ja idem k Ocu Mom." Kako sam ja sto posto verovao u reč Boga, nakon što sam bio pozvan kao sluga Božji ja sam postio mnogo, mnogo dana da dobijem Njegovu moć. Shodno tome, svedočenja isceljenja bolesti moderna medicinska nauka nije mogla da podnese jer su bila obilna u Manminu još od njenog otvaranja.

Svaki put crkva kao celina prolazila je kroz iskušenja u blagoslovima, brzina kojom su pacijenti dobijali isceljenja se ubrzala dok su veće kritične bolesti bile isceljene. Kroz godišnjicu dvonedeljne posebne Službe preporoda održane od 1993. godine do 2004. godine i svetskog Velikog ujedinjenog pohoda, veliki broj ljudi širom sveta je iskusio zapanjujuća dela Božje moći.

Između mnogih primera u kojima su ljudi ustali, poskočili i hodali evo nekoliko primera.

Ustajanje posle devet godina u invalidskim kolicima

Prvo svedočenje je od đakona Jonsup Kima (Yoonsup Kim). U maju 1990.godine, on je pao sa petospratne zgrade dok je radio na struji u Teadok gradu nauke (Taedok Science Town) u Severnoj Koreji. Ovo se dogodile pre nego što je Kim počeo da veruje u Boga.

Odmah nakon pada, on je odveden u Sun bolnicu u Josungu (Yoosung), provinciji Čongman (Choongnam Province) gde je bio u komi šest meseci. Nakon što se probudio iz kome međutim, bol od pritiska i preloma u jedanaestom i dvanaestom pršljenu i kilu i četvrtom i petom lumbalnom pršljenu su bili neverovatno jaki. Doktori u bolnici su obavestili Kima da je njegovo stanje kritično. On je bio premeštan u druge bolnice mnogo puta. Međutim, bez ikakvih promena u njegovom

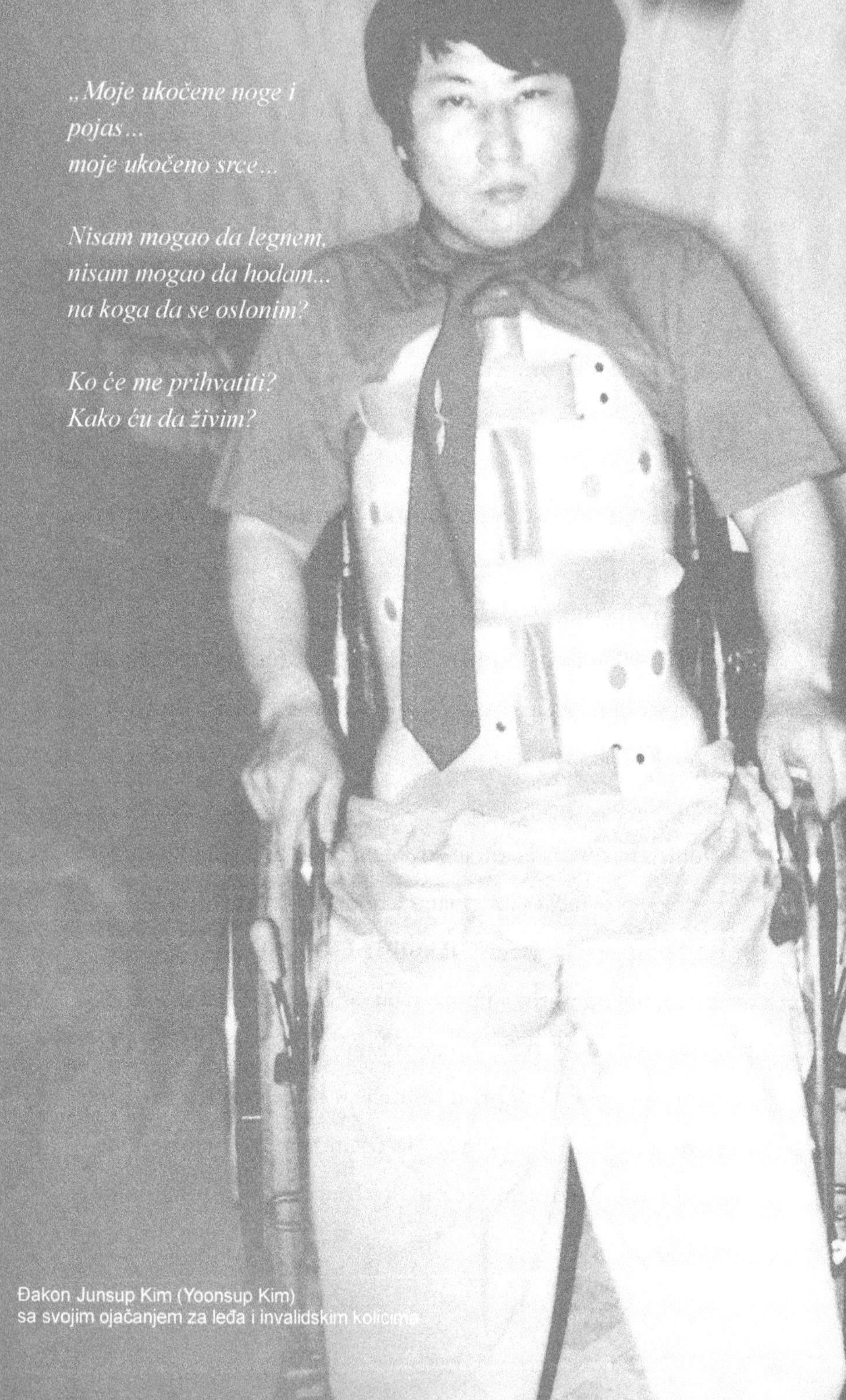

Đakon Junsup Kim (Yoonsup Kim)
sa svojim ojačanjem za leđa i invalidskim kolicima

„Aleluja!
Bog je živ!
Jel me vidite me kako hodam?“

Đakon Kim se raduje
sa drugim članovima Manmina
nakon što je dobio isceljenje
kroz molitvu
dr. Džeroka Lija

poboljšanju stanja, Kimu se utvrdilo da pati od prvog stepena invaliditeta. Oko struka, Kim je nosio protezu za kičmu sve vreme. Šta više, pošto nije mogao da leži on je spavao dok je sedeo.

U toku ovog teškog vremena, Kim se evangelizovao i došao je u Manmin, gde je počeo sa hrišćanskim životom. Kada je posetio posebnu Službu božanstvenog isceljenja u novembru 1998. godine, Kim je imao neverovatno iskustvo. Pre Službe, on nije mogao da legne na svoja leđa niti da sam koristi toalet. Nakon što je primio moju molitvu, on je mogao da ustane iz njegovih invalidskih kolica i da hoda uz pomoć štaka.

Kako bi dobio potpuno isceljenje, đakon Kim je predano posećivao Službe preporoda i službe i nikada nije prestao da se moli. Pored toga, u iskrenoj želji i u pripremi za sedmu dvonedeljnu Službu preporoda u maju 1999. godine, on je postio dvadeset i jedan dan. Kada sam se ja molio za bolesne sa propovedaonice za vreme prve sesije Službe, đakon Kim je osetio jaku svetlost kako sija nad njim i imao je viziju u kojoj trči. U drugoj nedelji Službe, kada sam ja položio ruke i molio se za njega, on je mogao da oseti kako je njegovo telo lakše. Kada se vatra Svetog Duha spustila na njegove noge, snaga koja je njemu nepoznata je data. On je mogao da baci njegovu protezu za kičmu i štake, da hoda bez ikakvih poteškoća i da slobodno pomera njegov struk.

Uz Božju moć, đakon Kim je počeo da hoda kao sasvim obična osoba. On čak i vozi biciklu i revnosno služi crkvi. Šta više, ne tako davno đakon Kim se oženio i sada vodi zaista srećni život.

Ustajanje iz invalidskih kolica nakon primanja molitve sa maramicom

U Manminu, spektakularni događaji koji su se zapisani u Bibliji i izvanredna čuda su se dogodila; kroz njih se Bog i dalje slavi. Među takvim događajima i čudima je manifestovanje Božje moći kroz maramicu.

U Delima Apostolskim 19:11-12 mi nailazimo da: „Bog je činio izvanredna čuda sa rukama Pavla, tako da kad bi se maramice ili kecelje sa njegovog tela samo donele do bolesnih, bolesti su ih napuštale i zli duhovi bi izašli napolje." Slično tome, kada su ljudi uzimali maramicu na kojoj sam se molio ili bilo koji predmet na mom telu i davali bolesnima, čudesna dela isceljenja su se manifestovala. Kao posledica toga, mnoge zemlje i ljudi su širom sveta tražili od nas da predvodimo pohode sa maramicom u njihovim rejonima. Šta više, brojni ljudi u Africi, Pakistanu, Indoneziji, Filipinima, Hondurasu, Japanu, Kini, Rusiji i mnogi drugi su očekivali takođe i „neverovatna čuda."

U aprilu 2001. godine, jedan pastor iz Manmina predvodio je pohod sa maramicom u Indoneziji u kojoj su brojni ljudi dobili isceljenje i davali su slavu živom Bogu. Među njima je bio i bivši državni guverner koji se oslanjao na invalidska kolica. Kada je on bio isceljen kroz molitvu sa maramicom, to je uskoro postala velika vest.

U maju 2003. godine, drugi pastor Manmina predvodio je pohod sa maramicom u Kini u kojoj je, među mnogim primerima isceljenja, čovek koji se oslanjao na štake trideset i četiri godine počeo sam da hoda.

Ganeš (Ganesh) baca njegove štake na festivalu molitva čudesnog isceljenja 2002. godine u Indiji

„Ja više ne mogu da osetim
devet noktiju
koji pritiskaju
moje meso i kosti!

Ja nisam ranije mogao da ustanem
zbog bolova,
ali sada ja mogu da hodam!“

Ganeš počinje da hoda
bez štaka
nakon što je primio molitvu
od dr. Džeroka Lija

U 2002. godini, na Molitvenom festivalu čudesnog isceljenja u Indiji, koje se dogodilo na plaži Marina u Čenaju (Chennai) pretežno hindu-indijcima, više od tri miliona ljudi se okupilo, iz prve ruke je svedočilo pravim zapanjujućim delima Božje moći i mnogi od njih su se okrenuli hrišćanstvu. Pored ovog pohoda, tempo u kojim su ukočene kosti postale pokretne i mrtve ćelije oporavljane je polako napredovao. Sa početkom pohoda u Indiji, dela isceljenja su prkosila redu ljudskog tela.

Među onima koji su dobili isceljenje je bio šestnaestogodišnji dečak nazvan Ganeš. On je pao sa bicikle i povredio je njegovu desnu karlicu. Teška finansijska situacija kod kuće ga je sprečavala do dobije odgovarajući tretman. Kako su godine prolazile, tumor se razvio u njegovim kostima i on je bio primoran da odstrani desnu karlicu. Doktori su mu stavili tanku metalnu ploču na njegovoj butnoj kosti i ostale delove njegove karlice i učvrstili su ploču sa devet šrafova. Neverovatan bol od učvršćenih šrafova učinio je to da nije mogao da hoda gore i dole stepenicama ili da hoda bez štaka.

Kada je on čuo za pohod, Ganeš ga je posetio i prisustvovao je vatrenim delima Svetog Duha. Drugog od četiri dana pohoda, kako je primio „Molitvu za bolesne“ on je osetio kako se njegovo

„Čak iako nisam
imala dovoljno snege
da pomerim makar jedan prst,
ja sam znala da ću biti isceljena
kada odem ispred Njega.
Moja nada nije bila uzaludna,
i Bog je to ispunio!“

Žena rođena Indijka
ustaje iz svojih invalidskih kolica i hoda
nakon što je primila molitvu
od dr. Džeroka Lija

telo zagreva kao da je bio stavljen u lonac sa ključalom vodom i više nije osećao nikakav bol u njegovom telu. On se odmah popeo na binu i dao svedočenje o njegovom isceljenju. Od tada, on više nije osećao bolove na bilo kom mestu svoga tela, nije koristio štake i mogao je slobodno da hoda i da trči.

Žena ustaje iz invalidskih kolica u Dubaiju

U aprilu 2003. godine, kada sam bio u Dubaiju, Ujedinjenim Arapskim Emiratima, žena Indijka je ustala iz njenih invalidskih kolica odmah nakon što je primila moju molitvu. Ona je bila inteligentna žena koja je studirala u Sjedinjenim Državama. Zbog ličnih problema, ona je patila od mentalnog šoka, koje je bilo povezano sa kasnijom saobraćajnom nesrećom i komplikacijama.

Kada sam prvi put video ovu ženu, ona nije mogla da hoda, nedostajala joj je snaga da govori i nije mogla da podigne naočare koje je ispustila. Ona je dodala da je bila suviše slaba da piše ili da uzme čašu vode. Kada bi je drugi jedva dodirnuli, ona bi osećala neverovatne bolove. Međutim, nakon molitve, žena je odmah ustala iz invalidskih kolica. Čak iako sam ja bio toliko oduševljen ovom ženom, koja nije imala dovoljno snage da govori do pre nekoliko minuta, ona je sada mogla da skupi svoje stvari i da izađe iz prostorije.

Jeremija 29:11 nam govori: „Jer ja znam misli koje mislim za vas, govori Gospod, misli dobre a ne zle, da vam dam posledak kakav čekate." Naš Otac Bog nas je toliko voleo da je On darežljivo dao Njegovog jednog i jedinog Sina.

Prema tome, čak iako ste živeli mizernim životom zbog fizičke nesposobnosti, vi imate nadu da živite srećnim i zdravim životom sa verom u Oca Boga. On ne želi da vidi ni jedno od Njegove dece u iskušenjima i žalosti. Šta više, On teži da svakome na svetu da mir, radost, sreću i budućnost.

Kroz priču o paralizovanom čoveku istaknutu u Jevanđelju po Marku 2, vi ste spoznali puteve i metode sa kojima vi možete da dobijete odgovore na želje vašeg srca. Da svako od vas pripremi posudu vere i da dobije šta god da potraži, u ime našeg Gospoda Isusa Hrista ja se molim!

Poruka 8

Ljudi će se radovati, igrati i pevati

Jevanđelje po Marku 7:31-37

I opet izađe Isus iz krajeva tirskih i sidonskih
i dođe na more galilejsko
u krajeve desetogradske.
I dovedoše k Njemu
gluvog
i mutavog,
i moljahu Ga da metne na nj ruku.
I uzevši ga iz naroda nasamo
metnu prste svoje u uši njegove,
i pljunuvši dohvati se jezika njegovog;
i pogledavši na nebo uzdahnu,
i reče mu: „Efata!" to jeste: „Otvori se!"
I odmah mu se otvoriše uši,
i razreši se sveza jezika njegovog
i govoraše lepo.
I zapreti im da nikome ne kazuju;
ali što im više On zabranjivaše
oni još više razglašavahu.
I vrlo se divljahu govoreći:
„Sve dobro čini;
i gluve čini da čuju i neme da govore"

Mi nailazimo na sledeće u Jevanđelju po Mateju 4:23-24:

I prohođaše po svoj Galileji Isus učeći po zbornicama njihovim, i propovedajući jevanđelje o carstvu, i isceljujući svaku bolest i svaku nemoć po ljudima. I otide glas o Njemu po svoj Siriji i privedoše Mu sve bolesne od različnih bolesti i s različnim mukama, i besne, i mesečnjake, i uzete, i isceli ih.

Isus ne samo da je propovedao reč Božju i dobre vesti o kraljevstvu, već je takođe i iscelio brojne ljude koji su patili od različitih bolesti. Isceljivanjem bolesti u kojima je ljudska moć bila beskorisna, reč koju je Isus objavio je bila ugravirana u srcima ljudi i On ih je poveo ka nebu sa njihovom verom.

Isus isceljuje gluvonemog čoveka

U Jevanđelju po Marku 7 je priča o vremenu kada je Isus

putovao od Tira do Sidona, a onda odatle do Galilejskog mora pa u oblast Dekapolj, i iscelio gluvonemog čoveka. Ako neko „jedva govori," to znači da on muca i da ne može razgovetno da govori. Čovek iz ovog odeljka je verovatno naučio da govori kada je bio dete, ali je kasnije postao gluv i sada je „jedva je mogao da govori."

Sve u svemu „gluvonem" je neko ko nije naučio jezik i da govori zbog gluvoće, dok se „bradiacusija" (tupost sluha) odnosi na poteškoće sluha. Postoje mnogi brojni načini u kojima neko postaje gluvonem. Prvo od njih je nasledno. U drugom slučaju, jedan postaje rođen gluvonem ako majka pati od rubeole (drugačije poznate kao „nemačke ospice") ili uzima pogrešnu terapiju za vreme trudnoće. U trećem slučaju, ako je detetu dijagnostikovan meningitis kada je bilo staro tri ili četiri godine u vreme kada dete uči da govori, ono može postati gluvonemo. U slučaju bradiocusije, ako je bubna opna pukla, slušni aparati mogu da olakšaju poteškoće. Ako postoji problem u samom slušnom nervu, ni jedan slušni aparat neće pomoći. Za druge slučajeve u kojima neko radi u veoma bučnom okruženju ili ako je slabljenje sluha nastalo zbog starosti, za to može da se kaže da ne postoji osnovno izlečenje.

Pored toga, jedan može da postane gluvonem ako je opsednut demonima. U takvom slučaju, kada pojedinac sa duhovnom vlasti isteruje zle duhove, osoba će odmah početi da čuje i da govori. U Jevanđelju po Marku 9:25-27, kada je Isus prekorio zlog duha u dečaku koji nije mogao da govori: „Duše nemi i gluvi, Ja ti zapovedam, izađi iz njega i više ne ulazi u njega," (stih 25) zao duh je odmah izašao i dečak je bio dobro.

Verujte da kada Bog radi, nijedna bolest ili slabost neće vam uzrokovati problem ili vam predstavljati pretnju. Zbog toga mi nailazimo u Jeremiji 32:27: „Gle, ja sam GOSPOD Bog svakog tela, eda li je Meni šta teško?" Psalmi 100:3 nam zapovedaju: „Poznajte GOSPOD da je Bog; On nas je stvorio, i mi smo dostojanje Njegovo, narod Njegov i ovce paše Njegove," dok nas Psalmi 94:9 podsećaju: „Koji je stvorio uho, zar ne čuje? I koji je oko načinio, zar ne vidi?" Kada mi verujemo u svemogućeg Oca Boga koji je oblikovao naše uši i oči iz dubine naših srca, sve je moguće. Zbog toga je za Isus, koji je došao na ovu zemlju u telu, sve bilo moguće. Kao što nailazimo u Jevanđelju po Marku 7, kada je Isus iscelio gluvonemog čoveka, čovekove uši su se otvorile i Njegove reči postale su jasne.

Kada mi ne verujemo samo u Isusa Hrista već tražimo Božju moć sa zrelom verom, ista dela kao ona zapisana u Bibliji će se čak i danas događati. Na ovo, Poslanica Jevrejima 13:8 nam govori: „ Isus Hristos juče je i danas onaj isti i vavek," dok nas Poslanica Efežanima 4:13 da mi treba da: „dostignemo svi u jedinstvo vere i poznanje Sina Božjeg, u čoveka savršenog, u meru rasta visine Hristove."

Međutim, propadanje delova tela ili gluvoća ili mutavost kao rezultat mrtvih nervnih ćelija ne mogu biti izlečene sa darom isceljenja. Samo kada pojedinac koji je dostigao u celosti meru vere u ispunjenju Isusa Hrista, dobiće moć i vlast od Boga i moliće se u skladu sa Božjom voljom, dela isceljenja će se dogoditi.

Primeri Božjeg isceljenja gluvih u Manminu

Ja sam svedočio mnogim primerima u kojima je bradiacusija

Pesma slave
od ljudi
koji su bili isceljeni od svoje gluvoće

„Sa životom
koji si nam Ti dao,
mi ćemo hodati
na zemlji
u žudnji za Tobom

Moja duša koja
dolazi do Tebe

Đakonica Napšim Park (Napshim Park) daje slavu Bogu nakon što je bila isceljena od 55. godina njene gluvoće.

bila isceljena i mnogi ljudi koji nisu mogli da čuju od rođenja počeli su da čuju po prvi put. Postojalo je dvoje ljudi koji su mogli da čuju prvi put posle pedeset i pet i pedeset i sedam godina.

U septembru 2000. godine, kada sam predvodio Festival čudesnog isceljenja u Nagoji, Japanu, trinaest ljudi koji su patili od oštećenja sluha dobili su isceljenje odmah nakon što su primili moju molitvu. Ove vesti su se vratile nazad u Koreju mnogima sa oštećenim sluhom i mnogi od njih su posetili devetu dvonedeljnu Službu preporoda maja 2001. godine, dobili isceljenje i mnogo slavili Boga.

Među njima je bila i trideset i tri godine stara žena koja je bila gluvonema još od nesreće kada je imala osam godina. Kada je bila dovedena u našu crkvu kratko pre Preporoda 2001. godine, ona je sebe pripremila da dobije odgovore. Žena je prisustvovala „Danilovoj Molitvenoj službi“ i kako se setila njenih grehova iz prošlosti, ona je pokidala svoje srce. Kako je sebe sa iskrenom željom pripremala za Službu preporoda, ona je prisustvovala Službi. Za vreme poslednje sesije Službe, kada sam ja položio moje ruke na gluvoneme da bi se molio za njih, ona nije osetila odmah promenu. Bez obzira na to, ona nije bila razočarana. Umesto toga, ona je videla svedočenja onih koji su dobili isceljenje u radosti i zahvalnosti i verovala je čak i više da može takođe biti isceljena.

Bog je ovo cenio kao veru i iscelio je ženu ubrzo nakon što se Služba završila. Ja sam video dela Božje moći manifestovana čak i nakon što je Služba bila završena. Šta više, test sluha kroz koji je ona prošla samo svedoči ispunjenju isceljenja u oba uha. Aleluja!

Rođeni gluvi dobijaju isceljenje

Jačina manifestovanja Božje moći je rasla iz godine u godinu. Na Pohodu čudesnog isceljenja 2002. godine u Hondurasu, brojni ljudi koji su bili nemi i gluvi počeli su da čuju i da govore. Kada je ćerka glavnog šefa obezbeđenja za vreme pohoda bila isceljena zbog gluvoće koju je imala celi život, ona je postala toliko uzbuđena i neizmerno zahvalna.

Jedno od uveta osmogodišnje Medlin Jaimin Bartres (Madeline Yaimin Bartres) nije izraslo kako treba i ona je postepeno gubila sluh. Nakon što je čula za pohod, Medlin je molila oca da je tamo odvede. Ona je dobila obilnu milost za vreme slavljenja i nakon što je primila moju molitvu za sve bolesne, počela je jasno da čuje. Kako je njen otac predano radio za pohod, Bog je blagoslovio njegovo dete na ovaj način.

Na Festivalu molitva čudesnog isceljenja 2002. godine u Indiji, Dženifer (Jennifer) skida slušni aparat

Iako mi nismo bili u mogućnosti da zapišemo sva brojna isceljenja za vreme i posle Pohoda u Indiji, čak i sa nekim odabranim mi smo primorani da damo zahvalnost i slavu Bogu. Među ovakvim slučajevima je priča o devojčici zvanoj Dženifer, koja je bila gluva i mutava od rođenja. Doktor joj je preporučio da nosi slušni aparat kako bi poboljšala malo sluh ali je podsetio da sluh neće biti savršen.

Dok se Dženiferina majka molila svaki dan za ćerkino isceljenje, one su prisustvovale pohodu. Majka i ćerka su sele blizu jednog velikog zvučnika zato što i tako blizina zvučnika ne

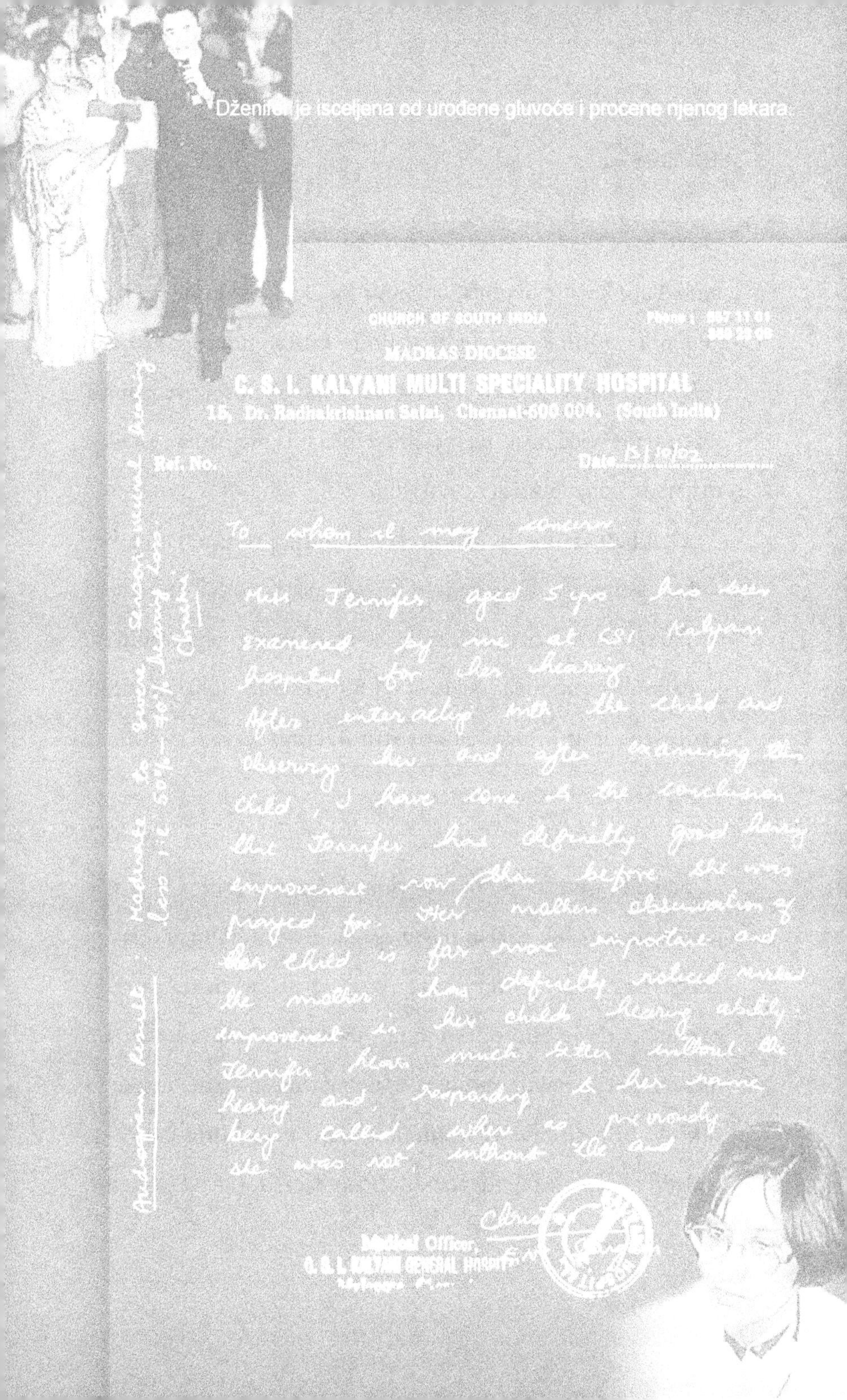

Dženifer je isceljena od urođene gluvoće i procene njenog lekara.

CHURCH OF SOUTH INDIA — Phone : 857 11 01 / 858 23 08

MADRAS DIOCESE

C. S. I. KALYANI MULTI SPECIALITY HOSPITAL

15, Dr. Radhakrishnan Salai, Chennai-600 004. (South India)

Ref. No. — Date 15/10/02

To whom it may concern

Miss Jennifer aged 5 yrs has been examined by me at CSI Kalyani hospital for her hearing.

After interacting with the child and observing her and after examining the child, I have come to the conclusion that Jennifer has definitely good hearing improvement now than before she was prayed for. Her mother observation of her child is far more important and the mother has definitely noticed marked improvement in her child hearing ability. Jennifer hears much better without the hearing aid, and responding to her name being called when as previously she was not, without the aid.

Audiogram result: Moderate to severe Sensorineural hearing loss i.e. 50% – 40% hearing loss.

Medical Officer,
C. S. I. KALYANI GENERAL HOSPITAL
Mylapore, Chennai

bi škodila Dženifer. Međutim zadnjeg dana pohoda, zbog velike mase ljudi koja se okupila, one nisu mogle da nađu mesto blizu zvučnika. Ono što je sledilo bilo je zaista čudesno. Odmah nakon što sam ja završio molitvu za bolesne sa propovedaonice, Dženifer je rekla majci da je jačina zvuka bila preglasna i pitala je majku da skine slušni aparat. Aleluja!

U skladu sa medicinskim izveštajima pre isceljenja, bez slušnih pomagala, Dženiferin sluh ne bi reagovao čak i na najjači zvuk. Drugim rečima, Dženifer je izgubila sto posto sluh ali posle molitve utvrđeno je da se od 30-50 posto sluha povratilo. Ono što sledi je procena otorinolaringologa Kristine za Dženifer:

Kako bi ispitala sposobnost sluha Dženifer, godina 5, ja sam je ispitala u C.S.I. Kajlan opštu specijalističku bolnicu. Nakon razgovora sa Dženifer i razgovora sa njom, došla sam do zaključka da je bilo određenog i izuzetnog napredovanja u njenom sluhu nakon molitve. Mišljenja Dženiferine majke su takođe bila slična. Ona imala slično zapažanje kao i ja: Dženiferin sluh je određeno i drastično napredovao. U to vreme,

Dženifer je mogla dobro da čuje bez bilo kojeg slušnog aparata i da odgovori ljudima koji su dozivali njeno ime. Ovo nije bilo moguće bez slušnog aparata pre molitve.

Za one koji pripreme svoja srca sa verom, moć Božja se bez sumnje manifestovana. Naravno, postoje mnogi primeri u kojima pacijentovo stanje napreduje dan za danom kako vode predan život u Hristu.

Često, Bog ne daje odmah potpuno isceljenje onima koji su bili gluvi od vremena kada su bili mladi. Ako bi oni počeli da čuju dobro od momenta kada su isceljeni, bilo bi teško za njih da razaznaju zvukove. Ako su ljudi izgubili sluh nakon što su odrasli, Bog bi njih iscelio u potpunosti odmah jer ne bi bilo potrebno toliko vremena da se prilagode zvukovima. U takvim slučajevima, ljudi će možda biti najpre zbunjeni ali posle dan dva, oni će biti smireni i naviknuće se na njihovu sposobnost da čuju.

U aprilu 2003. godine, za vreme mog putovanja u Dubaj u Ujedinjenim Arapskim Emiratima, ja sam sreo ženu trideset i dve godine staru koja je izgubila njen govor zbog cerebralnog meningitisa dok je bila dve godine stara. Odmah nakon što je primila moju molitvu, vrlo jasno je žena rekla: „Hvala vam!" Ja sam mislio da je njen kometar bio samo znak zahvalnosti, ali njeni roditelji su mi rekli da su tri decenije prošle kako je njihova ćerka poslednje rekla: „Hvala vam."

Da bi dobili moć koja omogućuje gluvonemima da čuju

U Jevanđelju po Marku 7:33-35 stoji sledeće:

I uzevši ga iz naroda nasamo metnu prste svoje u uši njegove, i pljunuvši dohvati se jezika njegovog; i pogledavši na nebo uzdahnu, i reče mu: „Efata!" to jeste: „Otvori se!" I odmah mu se otvoriše uši, i razreši se sveza jezika njegovog i govoraše lepo.

Ovde: „Efata" na jevrejskom znači „Otvori." Kada je Isus zapovedio pravim glasom stvaranja čovekove uši su se otvorile i njegov jezik je bio olabavljen.

Zašto je onda Isus stavio Njegove prste na čovekove uši pre zapovesti: „Efata?“ Poslanica Rimljanima 10:17 nam govori: „Tako, dakle, vera biva od propovedanja, a propovedanje rečju Božijom.“ Pošto ovaj čovek nije mogao da čuje, nije mu bilo lako da poseduje veru. Šta više, čovek nije došao pred Isusa da dobije isceljenje. Umesto toga, neki ljudi su doveli ovog čoveka Isusu. Stavivši Njegove ruke na čovekove uši, Isus je pomogao čoveku da poseduje veru kroz osećaj Njegovih prstiju.

Samo kada mi razumemo duhovno značenje usađeno u sceni u kojoj Isus manifestuje Božju moć, mi možemo da iskusimo Njegovu moć. Koje posebne korake mi moramo da napravimo?

Mi moramo najpre da posedujemo veru da bi dobili isceljenje.

Čak iako je mala, onaj koji ima potrebu da dobije isceljenje mora da poseduje veru. Međutim, za razliku od Isusovog vremena i zbog napredovanja civilizacije, postoje mnoga sredstva, uključujući govorni jezik sa kojim čak i sa oštećenim sluhom možete doći do jevanđelja. Sa početkom od pre nekoliko godina, sve poruke sa ceremonija su bile istovremeno prevođene na govorni jezik u Manminu. Poruke iz prošlosti su takođe ažurirane na znakovnom jeziku na svom sajtu.

Šta više, sa mnogim drugim načinima, uključujući knjige, novine, magazine i video zapise i audio kasete, vi možete da posedujete veru sve dok imate odlučnost. Jednom kada je vera postignuta, vi možete da iskusite moć Božju. Ja sam spomenuo brojna svedočenja kao sredstvo da vam pomognem da vi posedujete veru.

Sledeće, mi moramo da dobijemo oproštaj.

Zašto je Isus pljunuo i dodirnuo čovekov jezik nakon što je On stavio Njegove ruke na čovekove uši? Ovo duhovno znači krštenje sa vodom i bilo je neophodno zbog oproštaja čovekovih grehova. Krštenje sa vodom znači da sa Božjom reči koja je čista kao voda mi treba da budemo očišćeni od svih naših grehova. Kako bi iskusili moć Božju, jedan mora najpre da reši problem greha. Umesto da je čoveka pročistio sa vodom, Isus je to zamenio sa pljuvačkom i prema tome to simbolizuje oproštaj ovom čoveku. Isaija 59:1-2, nam govori: „Gle, nije okraćala ruka Gospodnja da ne može spasti, niti je otežalo uho Njegovo da ne može čuti. Nego bezakonja vaša rastaviše vas s Bogom vašim, i gresi vaši zakloniše lice Njegovo od vas, da ne čuje."

Kako nam je Bog obećao u 2. Dnevnika 7:14: „I ponizi se narod moj, na koji je prizvano ime moje, i pomole se, i potraže lice moje, i povrate se od zlih puteva svojih, i ja ću tada uslišiti s neba i oprostiću im greh njihov, i isceliću zemlju njihovu," kako bi dobili odgovore pred Bogom, mi moramo da se iskreno osvrnemo na sebe, da pokidamo naše srce i da se pokajemo.

U čemu trebamo da se pokajemo pred Bogom?

Prvo, vi morate da se pokajete što niste verovali u Boga i niste prihvatili Isusa Hrista. U Jevanđelju po Jovanu 16:9, Isus nam govori da će Sveti Duh osuditi svet krivih u odnosu na greh, zato što ljudi nisu verovali u Njega. Vi morate da razumete da ne prihvatanje Gospoda jeste greh i da prema tome veruje u Gospoda i Boga.

Drugo, ako vi niste voleli svoju braću, vi morate da se pokajete. 1. Jovanova Poslanica 4:11 nam govori: „Ljubazni, kad je ovako Bog pokazao ljubav k nama, i mi smo dužni ljubiti jedan drugog." Ako vas vaša braća mrze, umesto da ih zauzvrat mrzite vi morate da budete tolerantni i da opraštate. Vi morate takođe da volite vaše neprijatelje, da tražite najpre njihovu korist i da mislite i da se ponašate kao da stavljate sebe u njegove cipele. Kada dođete do toga da volite sve ljude, Bog će vam takođe pokazati saosećanje, milost i dela isceljenja.

Treće, ako ste se molili sa sopstveni interes, vi morate da se pokajete. Bog ne uživa u onima koji se mole sa sebične razloge. On vam neće odgovoriti. Čak i od sada pa nadalje, vi morate da se molite u skladu sa voljom Božjom.

Četvrto, ako ste se molili ali ste sumnjali, vi morate da se pokajete. U Jakovljevoj Poslanici 1:6-7, čitamo: „Ali neka ište s verom, ne sumnjajući ništa; jer koji se sumnja on je kao morski valovi, koje vetrovi podižu i razmeću. Jer takav čovek neka ne misli da će primiti šta od Boga." Dakle, kada se mi molimo, mi moramo da se molimo sa verom i da Njemu udovoljimo. Šta više, kao što nas Poslanica Jevrejima 11:6 podseća: „bez vere nije moguće ugoditi Bogu," odbacite vaše sumnje i tražite samo sa verom.

Peto, ako se niste povinovali Božjim zapovestima, vi morate da se pokajete. Kao što nam Isus u Jevanđelju po Jovanu 14:21 govori: „Ko ima zapovesti Moje i drži ih, on je onaj što ima ljubav k Meni; a koji ima ljubav k Meni imaće k njemu ljubav Otac Moj; i Ja ću imati ljubav k njemu, i javiću mu se Sam," kada vi pokažete dokaz ljubavi za Boga povinujući se Njegovim zapovestima, vi možete da dobijete odgovore od Njega. S vremena na vreme, vernici učestvuju u saobraćajnim nesrećama. To je zato što većina njih ne održava Dan Gospodnji svetim ili ne daje celi desetak. Pošto oni ne poštuju najosnovniji skup pravila za hrišćane, Deset Zapovesti, oni ne mogu biti smešteni pod zaštitu Boga. Među onima koji se u potpunosti povinuju

Njegovim Zapovestima, neki od njih učestvuju u nesrećama svojom greškom. Ipak, oni su zaštićeni od Boga. U takvim slučajevima, ljudi unutar ostaju nepovređeni u celom vozilu, zato što ih Bog voli i pokazuje im dokaz Njegove ljubavi.

Šta više, ljudi koji nisu znali Boga često dobijaju brzo isceljenje nakon što prime molitvu. To je zato što činjenica da su došli u crkvu pokazuje sama dela vere, i Bog radi u njima. Međutim, kada ljudi imaju veru i znaju istinu ali nastavljaju da se ne povinuju Božjim Zapovestima i ne veruju u Njegovu Reč, ovo postaju zid između Boga i ovih ljudi i stoga oni neće dobiti isceljenje. Razlog zbog koga Bog mnogo čini među nevernicima za vreme prekomorskih Velikih ujedinjenih pohoda je zbog činjenice da oni koji su služili idolima čuju vesti i posećuju same pohode i to je cenjena vera iz pogleda Božjeg.

Šesto, ako vi niste sejali, vi morate da se pokajete. Kao što nam Poslanica Galaćanima 6:7 govori: „Jer šta čovek poseje ono će i požnjeti," kako bi iskusili moć Božju, vi morate najpre revnosno prisustvovati službama bogosluženja. Setite se da kada posejete sa telom, vi ćete dobiti blagoslove isceljenja i kada vi posejete sa vašim zdravljem, vi ćete dobiti blagoslove zdravlja. Prema tome, ako ste želeli da žanjete a niste posejali, vi morate u tome da se pokajete.

U 1. Jovanova Poslanica 1:7 čitamo: „Ako li u videlu hodimo, kao što je On sam u videlu, imamo zajednicu jedan s drugim, i krv Isusa Hrista, Sina Njegovog, očišćava nas od svakog greha." Šta više, održavanje posta Božjem obećanju u 1. Jovanovoj Poslanici 1:9: „Ako priznajemo grehe svoje, veran je i pravedan da nam oprosti grehe naše, i očisti nas od svake nepravde" gledajte da pogledate unazad na sebe, da se pokajete i da hodate u svetlosti.

Da svako od vas primi Božje saosećanje, dobije sve što potraži i da sa Njegovim blagoslovom dobije ne samo blagoslove zdravlja već takođe i blagoslove u svim poslovima i životnim pitanjima, u ime našeg Gospoda Isusa Hrista ja se molim!

Poruka 9

Neizostavno proviđenje Božje

Ponovljeni Zakon 26:16-19

Danas ti GOSPOD Bog tvoj
zapoveda da izvršuješ ove uredbe i ove zakone.
Pazi dakle i izvršuj ih
od svega srca svog i od sve duše svoje.
Danas si se zarekao GOSPODU da će ti biti Bog
i da ćeš ići putevima Njegovim
i držati uredbe Njegove,
i zapovesti Njegove i zakone Njegove,
i da ćeš slušati glas Njegov.
A GOSPOD se tebi danas zarekao
da ćeš mu biti narod osobit, kao što ti je govorio,
da bi držao svi zapovesti Njegove;
i da će te podignuti nad sve narode,
koje je stvorio hvalom, imenom i slavom,
da budeš narod svet
GOSPODU Bogu svom,
kao što ti je govorio.

Ako ih pitate da izaberu najveći oblik ljubavi, mnogi ljudi će izabrati ljubav roditelja, naročito majčinsku ljubav prema malom detetu. Ipak mi nalazimo u Isaiji 49:15: „Može li žena zaboraviti porod svoj da se ne smiluje na čedo utrobe svoje? A da bi ga i zaboravila, ja neću zaboraviti tebe." Obilna ljubav Božja je neuporediva sa ljubavlju majke prema njenom malom detetu.

Bog ljubavi želi da svi ljudi de dostignu samo spasenje, već takođe i da uživaju u večnom životu, blagoslovima i zadovoljstvima na veličanstvenom nebu. Zbog toga On izbavljuje Njegovu decu od iskušenja i teškoća i želi da pruži sve što oni potraže. Bog takođe vodi svakoga od nas da živi blagosloven život ne samo na zemlji već i večni život koji će takođe doći.

Sada, kroz moć i proroke Bog nam je dozvolio u Njegovoj ljubavi, ispitamo proviđenje Božje za Manmin centralnu crkvu.

Bog ljubavi želi da spase sve duše

Mi nailazimo na sledeće u 2. Petrovoj Poslanici 3:3-4:

I ovo znajte najpre da će u poslednje dane doći rugači koji će živeti po svojim željama, i govoriti: „Gde je obećanje dolaska njegovog? Jer otkako oci pomreše sve stoji tako od početka stvorenja."

Postoji mnogo ljudi koji nam neće verovati kada im govorimo o kraju vremena. Kao što sunce uvek izlazi i zalazi, kao što se ljudi uvek rađaju i umiru, kao što je civilizacija uvek napredovala, takvi ljudi će prirodno predpostavljati da će sve nastavljati dalje.

Kao što i postoji početak i kraj ljudskog života, ako postoji početak u istoriji čovečanstva, postoji i sigurno kraj njega. Kada vreme Božjeg odabira stigne, sve u univerzumu će se suočiti sa krajem. Svi ljudi koji su nekada živeli još od Adama će dobiti suđenje. U skladu sa tim kako je neko živeo na zemlji, on će ući ili na nebo ili u pakao.

Sa jedne strane, ljudi koji veruju u Isusa Hrista i živeli po reči

Božjoj će ući na nebo. Sa druge strane, ljudi koji nisu verovali i nakon što su bili evangelizovani i ljudi koji nisu živeli po Božjoj reči već su umesto toga živeli u grehu i zlobi, čak iako su priznali svoju veru u Gospoda, će ući na nebo. Zbog toga Bog žudi da širi jevanđelje kroz svet što je brže moguće, kako bi čak i nova duša mogla da dobije spasenje.

Božja moć se širi na kraju vremena

Pravi razlog zašto je Bog učvrstio Manmin centralnu crkvu i manifestuje čudesnu moć leži ovde. Kroz manifestovanje Njegove moći, Bog želi da pruži dokaz postojanja pravog Boga i da prosvetli ljude u stvarnosti neba i pakla. Kao što nam je Isus rekao u Jevanđelju po Jovanu 4:48: „Ako ne vidite znaka i čudesa, ne verujete," naročitu u vremenu u kojem se greh i zloba razvijaju i znanje napreduje, dela moći koja mogu da razbiju čovekove misli su sve više potrebna. Zbog toga, na kraju vremena, Bog vaspitava Manmin i blagoslovi ih sa sve većom moći.

Šta više, kultivacija čovečanstva koju je dizajnirao Bog se takođe približava kraju. Sve dok se vreme Božjeg odabira ne približi, moć je potrebno sredstvo da bi mogli da spasimo sve ljude koji imaju šansu da dobiju spasenje. Samo uz moć mogu mnogo više ljudi da budu odvedeni ka spasenju bržim tempom.

Zbog upornog proganjanja i teškoća, veoma je teško da se raširi jevanđelje u nekim zemljama širom sveta i postoje čak i mnogo ljudi koji još nisu čuli jevanđelje. Šta više, čak i među onima koji dokazuju svoju veru u Gospoda, broj ljudi sa iskrenom verom nije dovoljno velik kao što ljudi misle. U Jevanđelju po Luki 18:8, Isus nas pita: „Ali Sin čovečiji kad dođe hoće li naći veru na zemlji?“ Mnogi ljudi posećuju crkvu ali bez mnogo razlike od ljudi u svetu, oni nastavljaju da žive u grehu.

Ipak, čak i u zemljama i oblastima sveta gde postoje velika proganjanja hrišćanina, jednom kada ljudi iskuse dela Božje moći, vera koja se ne plaši smrti cveta i vatreno širi jevanđelje koje sledi. Ljudi koji su živeli u grehu bez iskrene vere su sada sposobni da žive po reči Božjoj kada iz prve ruke osete dela moći živog Boga.

U mnogim zemljama u inostranstvu, ja sam bio u zemljama

koje zabranjuju evangelizaciju i propovedanje jevanđelja i proganjaju crkvu. Ja sam svedočio u takvim zemljama kao što je Pakistan i Ujedinjeni Arapski Emirati, u oboma u kojima islam raste i u pretežno Hindu državu Indiju, da kada je Isus Hrist svedočio i kada su dokazi sa kojima su ljudi verovali u živog Boga manifestovani, brojne duše su se preobratile i dostigle spasenje. Čak iako su služili idolima, jednom kada su iskusili dela moći Boga, ljudi su počeli da prihvataju Isusa Hrista bez straha od pravnih posledica. Ovo svedoči pravoj jačini Božje moći.

Baš kao što seljak žanje svoje plodove na žetvi, Bog manifestuje čudesnu moć kako bi On mogao da požanje sve duše koje trebaju da dobiju spasenje u poslednjim danima.

Znakovi o završetku vremena zapisani u Bibliji

Čak i sa reči Božjom zapisanom u Bibliji, mi možemo da kažemo da je vreme u kojem smo živeli blizu kraju vremena. Iako nam Bog nije rekao pravo vreme i datum kraja vremena, On nam je dao trag sa kojim mi možemo da govorimo o kraju vremena.

Kao što mi možemo da predvidimo da se bliži kiša kada se oblaci skupljaju, kroz način na koji se istorija sama nastavlja, znakovi u Bibliji nam dozvoljavaju da predvidimo poslednje dane.

Na primer, u Jevanđelju po Luki 21 mi nailazimo: „A kad čujete ratove i bune, ne plašite se; jer to sve treba najpre da bude; ali još nije tada posledak"(stih 9) i „zemlja će se tresti vrlo po svetu, i biće gladi i pomori i strahote i veliki znaci biće na nebu" (stih 11).

U 2. Timotijevoj Poslanici 3:1-5 mi čitamo kao što sledi:

Ali ovo znaj da će u poslednje dane nastati vremena teška. Jer će ljudi postati samoživi, srebroljupci, hvališe, ponositi, hulnici, nepokorni roditeljima, neblagodarni, nepravedni, neljubavni, neprimirljivi, opadači, neuzdržnici, besni, nedobroljubivi, izdajnici, nagli, naduveni, koji više mare za slasti nego za Boga, koji imaju obličje pobožnosti, a sile su se njene odrekli; I ovih se kloni.

Postoje mnoge katastrofe i znakovi širom sveta i srce i misli ljudi postaju sve više zlobniji danas. Svake nedelje, ja dobijam isečak o događajima i nesrećama i obim svakog isečka je u velikom porastu. Ovo znači da postoji toliko mnogo katastrofa, nesreća i zlodela koja se dešavaju u svetu.

Ipak, ljudi nisu više osetljivi na takve događaje i nesreće kao što su nekada bili. Pošto se oni previše susreću sa mnogim pričama o takvim događajima i nesrećama u uobičajnim razlozima, ljudi su postali imuni na njih. Većina njih ne uzimaju za ozbiljno brutalne zločine, velike ratove, prirodne katastrofe i žrtve takvih zločina i nesreće. Ove nesreće su korišćene u popunjavanju prvih stranica masovnih medija. Međutim, osim ako se ne saosećaju duboko sa njima ili pogađaju druge koje poznaju, za većinu ljudi takvi događaji nisu značajni i ubrzo postaju zaboravljeni.

Kroz način na koji se istorija sama odvija, ljudi koji su budni i imaju jasnu komunikaciju sa Bogom, svedoci su u jednom glasu da je Dolazak Gospoda blizu.

Proročanstva o kraju vremena i Božje proviđenje za Manmin centralnu crkvu

Kroz Božje proročanstvo otkriveno Manminu, mi možemo da kažemo da je kraj vremena zaista blizu. Još od osnivanja Manmina pa do danas, Bog je predskazao ishode o predsedničkim i parlamentarnim izborima, smrt važnih i dobro poznatih ličnosti kako u Koreji tako i u inostranstvu i mnoge druge događaje koji su oblikovali istoriju sveta.

U mnogim prilikama ja sam obelodanio takve informacije u skraćenicama na nedeljnim crkvenim izveštajima. Ako bi sadržaj bio suviše osećajan, ja bi ih saopštio samo nekolicini pojedinaca. U poslednjih nekoliko godina, ja sam objavljivao sa propovedaonice s vremena na vreme otkrića koja se tiču Koreje, Sjedinjenih Država i događaja koja će se desiti u svetu.

Većina proročanstva su se dogodila kao što sam prorokovao i proročanstva koja su trebala da se ispune što se tiče događaja ili treba da se dese ili će se tek dogoditi. Značajna činjenica je da većina proročanstva određenih događaja koja treba da se dese se tiču poslednjih dana. Među njima je Božje proviđenje za Manmin centralnu crkvu, mi ćemo ispitati nekoliko od ovih proročanstva.

Prvo proročanstvo tiče se odnosa Severne i Južne Koreje.

Još od osnivanja, Bog je otkrio veoma mnogo Manminu o Severnoj Koreji. To je zato što smo mi imali poziv o evangelizaciji Severne Koreje u poslednjim danima. U 1983. godini, Bog nam je prorekao sastanak vođa Severne i Južne Koreje i njen ishod. Odmah posle sastanka, Severna Koreja trebala je privremeno da otvori svoja vrata prema svetu ali će ih opet na duže zatvoriti. Bog nam je rekao da kada se Severna Koreja otvori, jevanđelje svetosti i moć Božja će ući u zemlju i uslediće evangelizacija. Bog nam je rekao da Dolazak Gospoda će biti neizbežan, kada obe i Severna i Južna Koreja izraze sebe na određeni način. Zato što mi je Bog rekao da održim način na koji će dve Korejanske strane „izraziti na ovaj način" kao tajnu, ja nisam mogao da odam takvu informaciju.

Kao što je većina vas svesna, sastanak između vođa dve Koreje se dogodio 2000. godine. Vi verovatno možete da osetite da je Severna Koreja, podlegnuta međunarodnim pritiskom, otvorila svoja vrata pre vremena.

Drugo proročanstvo se tiče poziva za svetsku misiju.

Bog je pripremio za Manmin brojne prekomorske pohode u kojima su se desetine stotina, desetine hiljada i miloni ljudi okupljali i blagoslovio nas je da brzo evangelizujemo svet sa Njegovom čudesnom moći. One uključuju Pohod Svetog jevanđelja u Ugandi, vesti koje su bile internacionalno emitovane na vestima nacionalne mreže (CNN); Pohod isceljenja u Pakistanu koji je potreso Islamski svet i otvorio vrata misionarskih dela na Bliskom istoku; Pohod Svetog jevanđelja u Keniji na kojima su mnoge bolesti, uključujući sidu (AIDS) bile isceljene; Pohod ujedinjenog isceljenja na Filipinima na kojem je Božja moć bila eksplozivno manifestovana; Pohod čudesnog isceljenja u Hondurasu, koje je izrodilo uragan Svetog Duha; i Festival pohoda čudesnog molitvenog isceljenja u Indiji, najvećem na svetu Hindu zemlji, na kojem su se više od tri miliona ljudi okupili na četvorodnevnom pohodu. Svi ovi pohodi su služili kao kamen oslonac iz kojeg je Manmin mogao da uđe u Izrael, njenu konačnu destinaciju.

Pod Njegovim velikim planom za kultivaciju čovečanstva,

Bog je stvorio Adama i Evu i nakon što je život počeo, čovečanstvo se množilo. Među mnogim ljudima, Bog je odabrao jednu naciju, Izrael, potomke Jakova. Kroz istoriju Izraelaca, Bog je želeo da otkrije Njegovu slavu i proviđenje za kultivaciju čovečanstva ne samo Izraelcima već takođe i ljudima na svetu. Ljudi Izraela su prema tome služili kao primer za kultivaciju čovečanstva i istorija Izraela, kojom sam Bog vlada, nije samo istorija jedne nacije već i Njegova poruka ljudima. Šta više, pre ispunjenja kultivacije čovečanstva koje počinje sa Adamom, Bog je želeo da vrati jevanđelje Izraelu, od koga je i počelo. Međutim, izuzetno je teško da se sprovede hrišćansko okupljanje u širenju jevanđelja u Izraelu. Manifestovanje Božje moći koje može da potrese nebo i zemlju je potrebno u Izraelu i ispunjenje ovog dela Božjeg proviđenja je poziv koji je namenjen Manminu u poslednjim danima.

Kroz Isusa Hrista, Bog je ispunio proviđenje spasenja čovečanstva i dozvolio je svakome ko prihvati Isusa kao njegovog Spasitelja da dobije večni život. Međutim, Božji odabran narod Izraela, nije prepoznao Isusa kao Mesiju. Šta više, čak i sve do momenta kada se Njegova deca uzdignu u vazduhu, ljudi Izraela neće razumeti providenje spasenja kroz Isusa Hrista.

U poslednjim danima, Bog želi da se ljudi Izraela pokaju i prihvate Isusa kao njihovog Spasitelja kako bi oni dostigli spasenje. Zbog toga je Bog dozvolio jevanđelju svetosti da uđe i da se raširi po celom Izraelu kroz uzvišen poziv koji je On dao Manminu. Sada kada je ključni kamen oslonac za misionarska dela Srednjeg istoka učvršćen aprila 2003. godine, u skladu sa voljom Božjom, Manmin će napraviti posebne pripreme za Izraelce i ispuniće providenje Božje.

Treće providenje se tiče izgradnje Velikog hrama.

Odmah nakon što je Manmin osnovan, kako je On otkrio Njegovo providenje o poslednjim danima, Bog nam je dao poziv za izgradnju Svetog hrama koje će otkriti slavu Boga svim ljudima u svetu.

U vremenu Starog Zaveta, bilo je moguće da se dobije

spasenje sa delima. Čak iako greh nije bio odbačen u nečijem srcu, sve dok greh nije počinjen sa spolja, svako je mogo biti spašen. Hram u vremenu Starog Zaveta je bio hram u kojem su ljudi služili Bogu samo sa delima kako je propisao zakon.

Međutim za vreme perioda Novog Zaveta, Isus je došao i ispunio je zakon u ljubavi i sa našom verom u Isusa Hrista mi smo dobili spasenje. Hram koji Bog želi u vreme Novog Zaveta biće izgrađen ne samo sa delima već takođe i sa srcem. Ovaj hram će izgraditi Božja iskrena deca koja su odbacila greh, posvećenog srca i sa njihovom ljubavlju za Njega. Zbog toga je Bog dozvolio da hram iz Starog Zaveta bude uništen i žudio je da novi hram iskrenog duhovnog značenja bude izgrađen.

Prema tome, ljudi koji će izgraditi Veliki Hram moraju biti cenjeni na prikladan način iz Božjeg pogleda. Oni moraju da budu Božja deca koja su preobratila svoja srca, u sveta i čista srca i ispunjeni verom, nadom i ljubavi. Kada Bog vidi da je Veliki Hram izgrađen od Njegove posvećene dece, Njemu neće biti ugodno samo kada vidi izgled hrama. Umesto toga, sa Velikim

Hramom, On će se prisetiti procesa u kojem je Hram bio izgrađen i setiće se svakoga od Njegove iskrene dece koji su plodovi Njegovih suza, žrtvovanja i strpljenja.

Veliki Hram nosi veliki značaj. On će služiti kao spomenik za kultivaciju čovečanstva kao i takođe i simbol ugođaja Bogu nakon žetve dobrih useva. Ono će biti izgrađeno u poslednjim danima zato što je to projekat izgrađenog spomenika koji će otkriti Božju slavu svim ljudima ovog sveta. Na 600 metara (oko 1970 fita) po dužini i sedamdeset metara (230 fita) u visinu, Veliki Hram je masivna zgrada koja će biti napravljena od svih vrsta prelepog, retkog i dragocenog materijala i u svakom delu njene strukture i ukrasa, slava Novog Jerusalima, šestog dana stvaranja, i moć Božja će biti utisnuta. Samo gledanje na Veliki Hram biće dovoljno da natera ljude da se osećaju veličanstveno i da slave Boga. Čak i nevernici će biti zapanjeni dok ga posmatraju i priznaće Njegovu slavu.

Konačno, izgradnja Velikog Hrama je pripremanje velikog čamca u kojem će mnoge duše dobiti spasenje. U zadnjim

danima u kojima greh i zloba napreduju, kao što je to bio slučaj sa Nojem, kada ljudi koji su bili vođeni Božjom decom, koje On smatra prikladnim dođu u Veliki Hram i od tada veruju u Njega, oni mogu da dobiju spasenje. Sve više ljudi će čuti vesti o Božjoj slavi i moći i doći će sami da se uvere. Kada oni dođu, brojni Božji dokazi će biti predstavljeni. Oni će takođe biti naučeni o tajnama duhovnog kraljevstva i prosvetljeni po Božjoj volji koji žudi da požanje iskrenu decu koja su nalik Njegovom liku.

Veliki Hram će služiti kao nukleus finalne faze svetskog širenja jevanđelja pre Dolaska našeg Gospoda. Šta više, Bog je rekao Manminu da kada dođe vreme da počne izgradnja Velikog Hrama, On će povesti kraljeve i pojedince bogate da pomognu u izgradnji.

Još od njenog osnivanja, Bog je otkrio proroke u poslednjim danima i Njegovo proviđenje za Manmin centralnu crkvu. Čak i do današnjeg dana, On je nastavio da manifestuje čak i neverovatnu moć i ispunio je Njegovu Reč. Do kraja istorije crkve, Bog je Sam poveo Manmin kako bi ispunio Njegovo proviđenje. Šta više, sve dok se Gospod ne vrati, On će nas voditi da ispunimo sve zadatke koje nam je On dodelio i otkriće slavu Gospoda širom sveta.

U Jevanđelju po Jovanu 14:11, Isus nam govori da: „Verujte Meni da sam Ja u Ocu i Otac u Meni; ako li Meni ne verujete, verujte Mi po tim delima." U Knjizi Ponovljenog Zakona 18:22 mi nailazimo: „Šta bi prorok rekao u ime GOSPODNJE, pa se ne zbude i ne navrši se, to je reč koje nije rekao GOSPOD. Nego je iz oholosti rekao onaj prorok, ne boj ga se." Ja se nadam da ćete vi razumeti proviđenje Božje kroz moć o proročanstva manifestovana i otkrivena u Manmin centralnoj crkvi.

U ispunjavanju Njegovog proviđenja kroz Manmin centralnu crkvu u poslednjim danima, Bog nije dao ovoj crkvi otkrivanje i moć preko noći. On je nas uvežbavao više od dvadeset godina. Kao i penjanje uz visoku i usku stazu i plovidba kroz visoke talase i uzburkano more, On nas je više puta vodio kroz iskušenja i sa ljudima koji su prošli ova iskušenja sa svojom čvrstom verom, pripremili su posude kako bi mogli da ispune svetsku misiju.

Ovo se takođe odnosi i na svakoga od vas. Vera sa kojom jedan može da uđe u Novi Jerusalim ne razvija se i ne raste preko noći; vi morate uvek da budete budni i spremni za dan kada će se naš Gospod vratiti. Iznad svega, uništite sve zidove greha i sa nepromenjenom i vatrenom verom, trčite prema nebu. Kada se pomerite unapred sa ovom vrstom nepromenljive odlučnosti, Bog će bez sumnje blagosloviti vašu dušu da se zajedno slaže sa dobrom i odgovoriće željama vašeg srca. Šta više, Bog će vam dati duhovnu sposobnost i vlast koju možete da koristite kao Njegova dragocena posuda za Njegovo proviđenje u poslednjim danima.

Neka svako od vas održava post u vašoj vatrenoj veri sve dok se Gospod ne vrati i neka se ponovo sretne sa večnim nebom i u gradu Novi Jerusalim, u ime našeg Gospoda Isusa Hrista ja se molim!

Autor
Dr. Džerok Li

Dr. Džerok Li je rođen u Muanu, Džeonam provinciji, Republika Koreja, 1943. godine. U svojim dvadesetim, dr. Li je sedam godina patio od mnoštva neizlečivih bolesti i iščekivao smrt bez nade za oporavak. Jednog dana u proleće 1974. godine, njegova sestra ga je odvela u crkvu i kad je kleknuo da se pomoli, Živi Bog ga je momentalno izlečio od svih bolesti.

Od trenutka kada je dr. Li sreo živog Boga kroz to divno iskustvo, on je zavoleo Boga svim svojim srcem i iskrenošću, a u 1978. god., je pozvan da bude sluga Božji. Molio se revnosno da može jasno da razume volju Božju, u potpunosti je ispuni i posluša sve Reči Božje. Godine1982. god. je osnovao Manmin centralnu crkvu u Seulu, Koreja i bezbrojna dela Božja, uključujući čudesna isceljenja i čuda, se dešavaju u njegovoj crkvi.

U 1986. god., dr. Li je zaređen za pastora na godišnjem Zasedanju Isusove Sungkjul crkve Koreje, i četiri godine kasnije u 1990.god. njegove propovedi su počele da se emituju u Australiji, Rusiji, na Filipinima i mnogim drugim zemljama, preko radiodifuzne kompanije Daleki Istok, Azija radiodifuzne kompanije i Vašingtonskog hrišćanskog radio sistema.

Tri godine kasnije, 1993.god., Manmin centralna crkva je izabrana za jednu od "Svetskih top 50 crkava" od strane magazina Hrišćanski svet (Christian World) (US), a on je primio počasni doktorat bogoslovlja od Koledža hrišćanske vere, Florida, SAD, i 1996.god. iz Službe od Kingsvej teološke bogoslovije, Ajova, SAD.

Od 1993.god., dr. Li je uzeo vođstvo u svetskoj misiji kroz mnogo inostranih pohoda u Tanzaniji, Argentini, Los Anđelesu, Baltimoru, Havajima i Nju Jorku u Sjedinjenim Američkim Državama, Ugandi, Japanu, Pakistanu, Keniji, Filipinima, Hondurasu, Indiji, Rusiji, Nemačkoj,

Peruu, Demokratskoj Republici Kongo i Izraelu. U 2002.god. je nazvan „svetski pastor" od strane glavnih Hrišćanskih novina u Koreji, zbog njegovog rada u raznim inostranim Velikim ujedinjenim pohodima.

Od septembra 2010.god., Manmin Centralna Crkva ima zajednicu od preko 100.000 članova. Postoji 9.000 domaćih i stranih ogranaka crkve širom planete, i do sad više od 132 misionara su opunomoćeni u 23 zemlje, uključujući Sjedinjene Države, Rusiju, Nemačku, Kanadu, Japan, Kinu, Francusku, Indiju, Keniju i mnoge druge.

Do datuma ovog izdanja dr. Li je napisao 60 knjiga, uključujući bestselere: Probanje večnog života pre smrti, Moj život, moja vera I i II, Poruka sa krsta, Mera vere, Raj I& II, Pakao, i Moć Božja. Njegove knjige su prevedene na više od 44 jezika.

Njegove Hrišćanski rubrike se pojavljuju u Hankok Ilbo, JongAng dnevniku, Dong-A Ilbo, Munhva Ilbo, Seul Šinmunu, Kjunghjang Šinmun, Hankjoreh Šinmun, Korejski ekonomski dnevnik, Koreja glasnik, Šisa vesti, i Hrišćanskoj štampi.

Dr. Li je trenutno na čelu mnogih misionarskih organizacija i udruženja uključujući : predsedavajući, Ujedinjene svete crkve Isusa Hrista; predsednik, Manmin svetska misija; stalni predsednik, Udruženje svetske hrišćanske preporodne službe; osnivač, Manmin TV; osnivač i predsednik odbora, Globalna hrišćanska mreža (GCN); osnivač i član odbora, Mreža svetskih hrišćanskih lekara (WCDN); i osnivač i član odbora, Manmin internacionalna bogoslovija (MIS).

Raj I i II

Detaljna skica predivne životne okoline u kojoj rajski stanovnici uživaju i prelepi opisi različitih nivoa nebeskih kraljevstva.

Moj Život, Moja Vera I i II

Najmirisnija duhovna aroma izvučena iz života koji je cvetao sa neuporedivom ljubavlju za Boga, u sred crnih talasa, hladnih okova i najdubljeg očaja.

Probanje Večnog Života pre Smrti, Moj Život

Zavetni memoari Dr. Džeroka Lija, koji je rođen ponovo i spašen iz doline senke smrti, i koji vodi primeren Hrišćanski život.

Mera Vere

Kakvo mesto stanovanja, kruna i nagrade su spremne za vas u raju? Ova knjiga obezbeđuje mudrost i smernice za vas da izmerite vašu veru i gajite najbolju i najzreliju veru.

Pakao

Iskrena poruka celom čovečanstvu od Boga, koji ne želi da ijedna duša padne u dubine Pakla! Otkrićete nikad do sad otkriveni iskaz o okrutnoj stvarnosti Nižeg Hada i Pakla.

www.ingramcontent.com/pod-product-compliance
Lightning Source LLC
LaVergne TN
LVHW010430230826
846092LV00009BA/1108
9791126311934